AUTOPORTRAIT EN THÉRAPIES

Professeur émérite à l'université d'Aix-Marseille, le Pr Marcel Rufo, pédopsychiatre, a dirigé l'Espace Arthur de hôpital Sainte-Marguerite, à Marseille, et la Maison de Solenn à l'hôpital Cochin, à Paris, a créé et dirigé l'Espace méditerranéen de l'adolescence, hôpital Salvator, à Marseille, actuellement président de la CME à la clinique des Trois Cyprès (à la Penne-sur-Huveaune) groupe RAMSAY.

Paru au Livre de Poche :

CHACUN CHERCHE UN PÈRE

DÉTACHE-MOI ! SE SÉPARER POUR GRANDIR

FRÈRES ET SŒURS, UNE MALADIE D'AMOUR

GRANDS-PARENTS, À VOUS DE JOUER

ŒDIPE TOI-MÊME !

TIENS BON !

TOUT CE QUE VOUS NE DEVRIEZ JAMAIS SAVOIR SUR LA SEXUALITÉ DE VOS ENFANTS

LA VIE EN DÉSORDRE

REGARDS CROISÉS SUR L'ADOLESCENCE, SON ÉVOLUTION, SA DIVERSITÉ

QUI COMMANDE ICI ?

PROFESSEUR MARCEL RUFO

Autoportrait en thérapies

ÉDITIONS ANNE CARRIÈRE

ISBN : 978-2-253-93742-5 – 1re publication LGF

Merci à tous les parents qui m'ont fait confiance.

Merci aux enfants et aux adolescents que j'ai accompagnés.

Prologue

Les histoires que je vous propose mettent en scène des consultations réelles, un peu romancées toutefois pour respecter l'obligatoire confidentialité. Les adolescents suivis retrouveront des traces de leur parcours, de leurs discours, mais le secret sera gardé car, autour de la thématique centrale, les à-côtés masqueront bien les réalités psychiques et civiles dont ils sont propriétaires.

Mais qui est celui qui vous propose cette lecture ?

C'est un petit garçon qui avait peur de lui-même, telle est son histoire. Adossé à un rocher, il porte ses grands yeux noirs en direction du large, sur la longue jetée où, par vent d'est, on peut ramasser des escargots de mer. C'est là aussi, sur la marche centrale de l'escalier qui descend à la mer, que sa cousine l'a jeté à l'eau, « juste pour voir », et qu'il est revenu, comme un petit chien, jusqu'au promontoire sous-marin où il a repris pied. Il a 4 ans. Sa crainte, ce sont ses pensées contre lesquelles il lutte depuis toujours, et dont il est conscient. Il a peur de lui, peur que ses pensées ne s'autorisent que d'elles-mêmes, peur de ce qu'il apprendra plus tard, d'être victime d'un « automatisme mental », pensées perçues comme étrangères.

Pourtant, dans cet endroit, il est entouré de l'affection simple et naturelle des personnes qui s'y trouvent : un vieux militant communiste, son fils, Benvenuto, avec un bateau-grue qui recueillait le sable marin, avant que le salpêtre qui en résulte ne supprime cette récolte abyssale; une vieille dame aux yeux clairs, voûtée; un vieux philosophe capable de parler toutes les langues; un « Asperger », comme on qualifiera plus tard ce type de personne, et deux cousines et leurs frères. Le soir, les jeunes gens de la ville se croisent en cheminant de part et d'autre de deux allées couvertes. Entre les arcades, des coups d'œil furtifs s'allument, se rapprochant puis s'éloignant, des regards se croisent. C'est une stratégie amoureuse d'un autre temps et d'une folle intensité. Ces deux jeunes filles sont très différentes : l'une est exubérante, pleine d'humour, comme dans les films italiens de l'époque, une Sophia Loren de Ligurie; l'autre, d'une grande dignité. Mais pourquoi ?

Un sentiment d'abandon et de doute sur ses origines l'occupe depuis toujours. Sa mère a essayé d'avorter. Sa naissance difficile, sous le dernier bombardement, voit apparaître un enfant malingre avec une hypotrophie[1], bien qu'il soit né à terme (1,9 kilo). Le pronostic est sombre. Comble de malheur, dès son neuvième mois, il est porteur d'une primo-infection tuberculeuse. À l'époque, il n'existait pas de traitement et la maladie évoluait vers un envahissement septicémique pulmonaire mortel, ou une méningite tuberculeuse qui laissait l'enfant

1. Développement insuffisant avec retard de la croissance.

dans un déficit profond, ou bien, et c'était son cas, un ganglion tuberculeux qui pouvait se vider dans la bronche souche droite et l'étouffer en le noyant. On comprend mieux sa crainte d'avoir été projeté dans la mer, au Molo Longo. Malgré tout, il va survivre. Dès ses premières pensées, il observe, écoute, est attentif à ce que l'autre dit, à la signification des mots. Il n'ira pas à l'école, restera collé à sa mère mais pas trop près, on ne sait jamais…

Curieusement, cette capacité de réflexion, d'écoute et d'attente fait qu'on pensera, à son entrée en classe de onzième, qu'il est sourd ou déficient. Très précocement, il sera examiné sur le plan psychologique – la discipline venait à peine d'être validée. L'examinatrice conclura qu'il n'est pas sourd et ajoutera : «Je crois même qu'il serait plutôt intelligent.» L'énorme sentiment de culpabilité de son institutrice blonde, qui se transformera alors en soutien, fera qu'il obtiendra le prix d'excellence pour sa première année scolaire. Il a alors 5 ans et demi, et sans doute cette distinction scolaire et sociale facilitera-t-elle ses futures réussites universitaires.

Parlons de ses craintes. En permanence, ses pensées tentent de s'échapper ou manifestent quelque chose d'hostile contre lui. D'où sa peur et le piège absolu de ne pouvoir «arrêter de penser». Pourtant, une somatisation importante l'aidera : des migraines épouvantables qui durent des jours et l'épuisent. Comme toujours, ces douleurs commencent par un côté, avec une légère impression de turgescence temporale, superficielle, droite ou gauche, qui va crescendo, jusqu'à un éclatement cérébral et des vomissements glaireux calmant l'algie[1] redoutable. Ce sont les seuls moments où ses pensées le laissent tranquille, cette somatisation fonctionne en partie.

Les vacances d'été, passées en Italie, sont tout à la fois des moments chaleureux, du fait des liens affectifs puissants avec sa famille d'accueil, et redoutés car, en pleine clarté, les pensées occupent le terrain de son psychisme. On devine pourquoi il deviendra pédopsychiatre.

Il vous propose aujourd'hui de l'accompagner dans les histoires offertes par ses propres patients et leur famille. Récits nourris, sur le plan psychopathologique, par l'observation singulière de quelqu'un qui est né avec le besoin vital d'interpréter et de comprendre le sens des choses et des mots, simplement pour survivre.

Revenons à ce livre.

J'espère que vous serez surpris, parfois étonné ou dubitatif. En effet, il y a la poésie du roman dans les histoires vécues, proposées par celles et ceux que j'ai rencontrés. Il faut bien trouver une issue à leurs questionnements. Le psychiatre accompagne, témoin privilégié de ces moments de vie qui lui sont confiés. Il serait surprenant de penser qu'il n'est jamais ému, car il l'est bien souvent. Mais il ne doit pas s'incruster dans l'histoire du patient, au risque d'invalider le témoin neutre et bienveillant qu'il se doit d'être. J'ai souvent opposé à la fameuse « neutralité bienveillante » l'« empathie sensible ». Vous verrez que l'on ne

1. Douleur le plus souvent diffuse, sans relation bien définie avec une cause organique.

se refait pas et que l'on confirme sa position, matrice présente tout au long de sa carrière. En écrivant ces histoires, je mesure combien ceux qui me les ont inspirées sont vivants et actuels. Ils font partie de ma vie, de ma mémoire de vie, j'ai totalement incorporé leur parcours en m'identifiant à eux.

Se mettre dans la position de la conscience qui interroge la conscience, devenir l'autre en étant soi et être à la hauteur des problématiques constituent une réelle chance de succès pour affiner et affirmer une relation. Le souvenir des maîtres qui m'ont fait confiance surgit alors : Arthur Tatossian, grand phénoménologue devant l'Éternel, et Michel Soulé, avec son humour et sa finesse. En m'écoutant et en m'accompagnant, ils m'ont permis d'écouter et d'accompagner à mon tour. Serge Lebovici m'a conseillé de « raconter mes histoires » pour étayer la théorie. Toutes ces cliniques poétiques ont un point commun : celui des histoires de vie qui auraient pu nous arriver, qu'on aurait pu imaginer ou lire. J'espère qu'elles vous intéresseront, que vous serez ému, amusé. Je suis certain que vous y découvrirez des pans de votre propre parcours.

Venez à côté de moi, les consultations commencent.

«In due»

Allons en Italie, en Ligurie. Ceux qui pratiquent la langue du *bel paese* savent qu'en arrivant au restaurant, on ne dit pas «*Siamo due*» (Nous sommes deux) mais «*Siamo in due*» – la préposition «*in*» renforce l'intimité.

Triste journée : je vais me recueillir sur la tombe de ma cousine Lisa, dont je vous ai précédemment parlé. Elle est décédée pendant le confinement. De ce fait, le nombre de personnes présentes à ses obsèques est très restreint. Je prends la route avec ma vieille Saab turbo, qui a plus de trente ans. Elle me rapproche de Lisa, du temps où elle m'accueillait, toujours avec le même cérémonial. Nous nous régalions d'un plat de raviolis qu'elle me faisait goûter en premier pour juger de la cuisson. Puis, elle préparait une *torta verde* et des gâteaux aux *pinoli*. Mais surtout, elle et son mari me nimbaient d'une affection totale car j'étais l'enfant qu'ils n'avaient pas eu. Petit, profondément amoureux de Lisa, j'avais adoubé Angelo comme son prétendant. Cela valait bien d'être servi en premier ! Tout cela est perdu, de même que la maison de mon enfance où je passais les longs mois d'été, tout à la fois abandonné psychologiquement par mes parents et ravi de l'aventure qui me poussait vers une autonomie et une différenciation affective. À la disparition de mes parents, Louise et Michel, Angelo et Lisa ont pris naturellement leur place. Avec Lisa, j'ai perdu une maman *bis*, choisie, aimée.

Malgré ses 89 ans, Angelo m'attend toujours au bas de leur maison, sur le port de Porto Maurizio. Cette fois, je n'ai pas eu le cœur de déjeuner chez eux, comme à l'accoutumée. Je ne retrouverai plus Lisa, elle ne râpera plus le parmesan dans mon assiette et ne me forcera plus à me resservir. Par respect et par crainte, je décide de m'arrêter à Bordighera, dans la ville haute, que Garnier, l'architecte de l'Opéra de Paris, aimait tant.

Il fait beau. Je demande si je peux déjeuner, en terrasse, à une table pour deux. Avec la courtoisie habituelle des Italiens, le serveur me dit : «*Come no ?*» (Comment vous le refuser ?) Je m'installe face à la cathédrale marine, peuplée d'ex-voto liés aux fortunes de mer des marins de la ville. La psychiatrie pousse à l'observation, lors des rencontres avec les patients et leur famille, dans leur démarche, leur tenue, la place choisie et le début de la prise de parole. Cela fait partie de la stratégie de consultation.

Soudain, un homme d'un certain âge, à peu près le mien, s'installe à une table en face de la mienne. Je l'entends dire : «*Siamo in due.*» Le restaurateur lui répond : «*Come di solito*» (Comme d'habitude). J'observe sa vêture, curieuse ou plutôt surannée : un costume trois pièces dont l'étoffe me semble un peu épaisse pour la saison, une cravate, vieille d'évidence, nouée serré, des chaussures semblant avoir vécu, sans doute des Church, *famous English shoes*. Un détail attire mon attention : il a posé devant lui un bouquet d'œillets nains et un écrin contenant probablement un bijou. Au poignet, il porte un beau chronomètre en or, avec un bracelet qui scintille au soleil. Il ne semble pas me voir, comme si un personnage s'interposait entre nous. Connaissant les goûts de sa convive attendue, il passe sa commande : un *fritto misto* avec des *triglie* (des rougets), un *stockfish*, plat du vendredi, en ajoutant qu'«elle» adore ça, ce qui explique sa venue ce jour; et pour lui, «*lo stesso*» (pareil).

La commande arrive et le garçon couvre d'une cloche l'entrée de l'invitée, fait de même pour le second plat, apporte ensuite deux tiramisus et un seul café, accompagné d'un verre de limoncello pour lui. Il ouvre la boîte, met la bague au petit doigt de sa main gauche, du côté du chronomètre en or. Il réclame ensuite «*il conto*» (l'addition), règle en espèces et s'en va, emportant avec lui le bouquet d'œillets.

Stupéfait par la scène à laquelle je viens d'assister, je demande une explication au garçon, de manière gestuelle – en Italie, quand on fait une poire avec les deux mains que l'on agite de haut en bas, cela signifie «je ne comprends pas». Et voilà ce que j'apprends. Son épouse, l'invitée fantôme, est morte il y a trente ans. Tous les vendredis, ce monsieur vient dans ce même restaurant, avec un bouquet de fleurs et le coffret de la bague de fiançailles de sa bien-aimée disparue, et commande un repas pour deux. Le restaurateur est habitué à ce rituel et sait que le bouquet sera ensuite déposé sur la tombe de l'épouse. Le veuf n'a pas refait sa vie. Il attend de rejoindre sa femme, en emportant avec lui la bague et le chronomètre au poignet gauche.

Je suis bouleversé par cette histoire qui fait écho à la perte de Lisa. Je repars vers Imperia et arrive à la marina où Angelo me reçoit avec la fiasque d'huile d'olive qu'il m'offre à chacune de mes visites. Nous partons tous deux au cimetière, où nous attendent nos cousins et cousines, unis dans la peine. Lisa a rejoint son père, sa mère, son frère. Une photographie orne sa stèle, la rendant encore présente, elle, si absente. Sur l'épitaphe, on peut lire son nom de famille, suivi de «*in*» et de son nom d'épouse.

Comme le vieux monsieur, j'ai apporté un bouquet d'œillets nains que je dépose sur sa tombe.

L'Alcazar

1961, soirée à l'Alcazar. C'est une salle de spectacles qui se trouve dans le quartier Belsunce, à Marseille. Devenue depuis 2004 une bibliothèque régionale, elle accueillait auparavant les vedettes françaises du music-hall et des tours de chant. De l'époque bénie des concerts qui avaient cours dans cette institution mythique, il ne reste que la magnifique marquise Art déco qui orne le fronton de cet édifice.

Je me rends dans ce lieu où se sont produits Félix Mayol, Maurice Chevalier, Yves Montand, Tino Rossi, Dalida… avec des amis étudiants en section PCB[1] de la faculté Saint-Charles, située près de la gare. Pour un titulaire d'une première partie du baccalauréat C qui a basculé en philo, c'est « craignos » ! D'autant qu'à cette époque les deux premières années des études de médecine (une en sciences et l'autre plus médicale) sont regroupées en examens A et B. Nous sommes 800 étudiants, dont 80 seront promus, certes avec la session de septembre, en deuxième année de médecine

1. Physique-chimie-biologie.

où nous allons nous retrouver et rattraper des amis qui sont devenus ceux de notre vie. La chance nous accompagne encore. Ce soir-là, les Jazz Messengers, groupe de jazz mythique, offraient un spectacle et tous les Toulonnais de notre faculté étaient au poulailler, célèbre pour son public rude. Belle soirée des frères Nat et Cannonball Adderley swinguant avec joie.

Ce quartier était plus populaire que celui de l'Opéra, mais pour nous, étudiants modestes, il était essentiel. C'est là que Moulay avait une échoppe et nous fournissait en chemises issues des stocks américains (« torchée, la chemise ! » disait-il), en blousons d'aviateurs et en cabans de pêcheurs élimés, tout cela au milieu des ballots de chiffons. Un peu plus haut que sa boutique, quand nous disposions d'un peu d'argent, nous allions chez le « Grec » qui faisait des grillades à tomber ! C'est l'occasion pour moi d'évoquer les œufs mimosa d'un restaurant de la rue d'Italie, les encornets de chez Étienne, institution incontournable dans le quartier du Panier, et les chants corses qui résonnaient le soir chez Maurice, dans la rue de l'Opéra. Tout cela embellissait ma vie. On peut comprendre les effets dévastateurs et les dégâts collatéraux de cette terrible pandémie de la Covid-19, qui impactent gravement les adolescents et les étudiants, empêchés de ces joies de vivre. Certes, cette soirée reste un magnifique moment de bonheur mais y apparaît aussi la crainte de l'échec, que vivent tous les étudiants de première année universitaire, et le rêve idéalisé du succès.

Me voilà propulsé stagiaire de deuxième année, dans le service d'un patron sorti d'une caricature de

Daumier mettant en scène les mandarins. Il déambule dans les couloirs pour effectuer la « visite », une aide-soignante le suit avec « sa » chaise, une autre avec une serviette et la dernière avec un flacon d'alcool de lavande dont il se frictionne les mains après chaque examen de patient hospitalisé. Je le suis comme un mouton docile. Faisant dos à la patiente qu'il devait examiner, il s'adresse à moi : « Tiens, jeune homme, voilà une patiente qui ne parle pas. » Puis, se tournant vers elle, il la salue : « Bonjour, jeune fille. » Les yeux bleus de la jeune fille fixent sans émotion ce provocateur tout-puissant. Avec l'un de mes amis de l'époque, honteux du comportement de ce patron, nous apportons un bouquet de violettes à cette patiente. Deux larmes coulent de ses joues, et nous restons immobiles, sans trop savoir que faire.

Le temps passe et je suis interne des hôpitaux. Lors d'une de mes consultations, je suis confronté, à mon tour, à une enfant mutique. Ce souvenir revient en force dans ma mémoire et, comme une revanche, je décide d'engager un suivi avec cette enfant, âgée de 9 ans. Évidemment, elle ne répond pas à mes questions. J'avais été très marqué par les écrits de Melanie Klein, psychanalyste renommée des jeunes enfants qui, recevant un enfant inhibé, lui avait demandé : « Tu as peur que je te tue ? » De manière étonnante, cette phrase tournait dans ma tête. Je lui parle alors, sans qu'elle me réponde, de l'idée de mort. Son regard devient plus brillant. (Est-ce que Melanie Klein avait raison ?) En présence de ses parents, je continue à établir un dialogue avec cette fillette : « Tu as un chat ? un chien ? » Elle opine du chef. J'attrape ce signe physique, comme un bout à l'arrière d'un navire alors qu'on est tombé à l'eau. « Il est rouge ? vert ? » Elle sourit. « Comment s'appelle-t-il ? » Comme un coup de tonnerre, elle répond : « Bijou. » La mère éclate en sanglots, cela faisait plus de quatre ans que sa fille n'avait prononcé aucun mot. Je félicite l'enfant, qui se glisse alors sous le bureau pour en ressortir quelques instants plus tard, comme si elle était honteuse. Je précise que cette séance a été filmée par Serge Moati, qui m'avait sollicité pour un documentaire sur les consultations en pédopsychiatrie.

Un infirmier, présent à ma consultation, propose de l'accompagner dans un groupe de chant. Il m'avoue aimer le jazz et trouve que j'avais eu beaucoup de chance (privilège de l'âge) d'avoir pu écouter les Messengers. Le soin culturel va être suivi d'une prise en charge institutionnelle. Philippe, un ami guitariste, fondateur de l'association Musique et Santé, chante avec une enfant autiste qui ne parlait pas : « Il court, il court, le furet », s'arrête puis poursuit : « Il passera par… » ; et l'enfant répond : « Là… ici », de façon tout aussi miraculeuse. Par la suite, toujours avec Philippe, lors de la journée organisée par Michel Soulé à la Maison de la Chimie à Paris, nous ferons chanter le public, constitué d'un parterre de psychiatres, psychologues et psychanalystes.

Aujourd'hui, le soin culturel musical s'est installé dans les hôpitaux et contribue aux progrès des adolescents pris en charge. Une psychologue avait programmé un voyage à Vérone avec les patients, leurs parents et les soignants pour écouter *La Traviata* de Verdi, vers la piazza Bra, située près des arènes.

Malheureusement, la terrible bora[1] nous avait frigorifiés et avait gêné l'écoute. Mais l'idée était belle et nous nous étions promis d'y retourner.

Avec l'ami du bouquet de violettes, je me suis intéressé à cette jeune fille maltraitée par le mandarin. J'ai appris qu'elle avait été transférée dans un hôpital psychiatrique, proche du domicile familial. Il me téléphone car il a retrouvé ses coordonnées, plusieurs années plus tard. Nous lui rendons visite avec, cette fois-ci, deux bouquets de violettes. Étonnée de me voir, elle incline sa tête et vient vers moi, en murmurant : « Merci. » À mon tour d'être stupéfait, mais rassuré qu'elle ait oublié la maladresse de l'ancien chef de service. Le cadre infirmier m'informe que, de temps en temps, il lui arrive de chantonner de vieilles chansons de Vincent Scotto. Je replonge à l'Alcazar, persuadé du pouvoir soignant des chansonnettes. Georges Brassens déclarait avec raison : « Je laisse tout Wagner pour une chanson de Vincent Scotto. »

En roulant vers Marseille, mon ami entonnera : « Vous avez l'éclat d'une rose… » ou d'une violette !

1. Vent du nord, froid et violent.

« Chez Elle »

C'était un bar à bière très hermétique, tout en comptoir et en couloir, où l'on s'entassait, à une autre époque, avant la pandémie. Situé dans le quartier de l'Opéra, à Marseille, il était peuplé de personnages qui ressemblaient à ceux d'Izzo et d'Ambrogiani. Les étudiants que nous étions passaient de nombreuses soirées interminables, repus de bière à la *spina,* car la patronne, Oufémia, était napolitaine. Lorsqu'elle nous servait les pintes, elle affichait une joie érotique en secouant le manche de la pompe à bière de façon très suggestive, tout en faisant trembler ses seins débordant de son corsage. Elle criait en même temps : « Sans faux col et un raccord aussi » (sans mousse) pour ceux qui avaient trop bu. Se trouvaient là les habitués, dont un borgne mutique, son ami qui était un mendiant volubile et un policier, « l'indic », car d'évidence il pouvait tirer des renseignements de la fréquentation de ce bar. Toutes les catégories sociales étaient représentées, du maçon puissant et athlétique au chercheur du CNRS boutonneux et inhibé.

Il y avait aussi des filles audacieuses, « n'ayant peur de rien », pas même de cette troupe de mâles affolés qui les cernait : une sublime Portugaise qui chantait le fado, une dame sénégalaise aussi massive que le maçon et quelques Marseillaises des beaux quartiers se mêlant à celles des quartiers populaires de la Belle de Mai et d'Endoume. Mais toutes sentaient le regard des garçons sur elles, et étaient là pour être « Chez Elle » comme les autres, des pionnières du féminisme et de la parité. De ces soirées, nous connaissions le début, mais la fin était toujours improbable.

En 1965, je suis externe des hôpitaux et je choisis la psychiatrie. Le service était le royaume des infirmiers psychiatriques, tout-puissants, qui tenaient en respect les malades, dont certains étaient dangereux. Les excès étaient quotidiens. Un jour que je suis de garde, un infirmier me propose de passer la soirée « Chez Elle » pour nous divertir ensemble, tout en précisant qu'il n'y avait aucun problème dans l'unité, qu'il arrivait à gérer avec ses collègues. Et pour cause : les infirmiers réunissaient les lits des patients dans une même pièce et les attachaient avec une corde fournie par les amis dockers du port autonome de Marseille. Ainsi, les patients, également ligotés, ne bougeaient pas de toute la nuit.

À notre arrivée dans ce service, l'infirmier en chef nous faisait passer une série de rites initiatiques. Je me souviens d'un amas de cageots, de cartons et de rubans constituant la citadelle où habitait la « Reine » du service. Il s'agissait d'une paraphrène, c'est-à-dire une psychotique, aux histoires et aux délires extraordinaires. Toute une mise en scène préparait à sa rencontre. Il fallait pénétrer, à quatre pattes, dans un souterrain jonché de cartons, et se présenter à elle. Elle criait qu'elle était « l'épouse du diable », qui lui avait fait « 3 740 enfants, tous devenus infirmiers psychiatriques ». Il fallait lui offrir des rubans colorés pour décorer son château ainsi qu'un litre de gnôle. Elle buvait, vociférait et nous imposait de partir à reculons pour que nous puissions jouir de son visage le plus longtemps possible. Il y avait aussi cette patiente dans la cour, surnommée « la femme-oiseau », qui picorait des vers de terre et nous obligeait à prendre sa tension « sur les pattes du haut », nous disait-elle, en parlant de ses bras. Il y avait encore ce garçon catatonique du deuxième étage, avec son « oreiller psychique ». Dans la catatonie, le sujet maintient sa tête décollée de l'oreiller, il ne l'appuie pas. De même, quand on lui soulève le bras, il le laisse en l'air.

Empreints de respect, nous sommes très rapidement devenus amis de ces historiques personnages d'infirmiers psychiatriques. Ils régnaient en maîtres sur le service, et toute possibilité d'action dépendait de leur autorisation. Ils ne « brancardaient » pas. Peut-être suis-je devenu psychiatre en écoutant leurs discours.

Un jeune homme de mon âge fut admis en placement d'office, sur ordonnance du préfet de police. Il se promenait nu dans le quartier du centre de la ville, le Carré Thiars, se masturbait et réclamait, en criant, qu'on lui rende ses pensées volées. Je le reçois « camisolé » et remplis le dossier d'admission. Je demande qu'on le détache. « Es-tu sûr ? » me rétorque l'infirmier psychiatrique. J'insiste et interroge le patient au discours chaotique. Rien de traumatique ne peut expliquer sa décompensation psychique. Il est malade et vit dans un mode différent du nôtre. «Tu en verras d'autres», dit le soignant présent, qui me demande s'il peut le rattacher. Je quitte l'unité, conscient de l'aide et du secours nécessaires à ce jeune homme, auquel je pouvais m'identifier. Je commençais une carrière de psychiatre et lui, celle d'un patient psychotique. Je reviens vers l'un des infirmiers dont j'étais très proche. Il était le procureur des clefs du service, qu'il portait en permanence autour du cou, en signe de pouvoir. Je l'informe de mon projet de sortie en ville avec ce patient. Après un long silence, voilà qu'il me tend la clef de sa chambre en ajoutant : «N'oublie pas de revenir.»

L'obligation de rentrer avant minuit me transforme en quelque sorte en Cendrillon de l'hôpital psychiatrique. Je vais voir le jeune homme et le détache. Il me sourit et je lui propose de le sortir pour passer une soirée ensemble. Il me lance un «D'ac !» tout joyeux. J'étais l'heureux propriétaire d'une Simca 1000, bleu marine, couleur de la Méditerranée, qui rendait souvent l'âme à cause d'un joint de culasse fragile. Nous arrivons «Chez Elle». Notons que la camisole était le seul traitement avant le Largactil (médicament antipsychotique), il pouvait donc boire un coup ou deux. Mais, bien entendu, il en boit davantage. Il se montre plus loquace que lors de notre entretien conventionnel. Il me décrit une enfance correcte, des parents aimants, une jalousie fraternelle importante à l'égard d'une sœur aînée qui réussit tout. Il me raconte un rêve un peu mystérieux, celui d'une carrière internationale au tennis, sport qu'il n'a jamais pratiqué. Nous croisons des amis, il les salue, et la soirée se déroule sans encombre. Je suis gêné par le fait de devoir rentrer.

C'est là que les choses se compliquent. Son regard devient fuyant et il recommence à tenir des propos incohérents. Je pense qu'il a trop bu. Il me déclare que je veux lui voler ses pensées car je fais partie du groupe de voleurs de cerveaux. Me voilà replongé en psychiatrie, alors que je suis en ville. Je réfute cette idée en lui expliquant que ce sont ses craintes et sa fragilité qui s'expriment, mais pas la réalité. Il me dit alors qu'il veut partir, s'échapper. Il ne me reste plus que l'affrontement, avec une clef inutile pendue à mon cou. Je me prépare à bondir sur lui pour le maîtriser et le reconduire *manu militari* dans le service. Il se terre dans un coin du bar, ayant bien perçu ma réelle hostilité. Je suis prêt, c'est le moment, mais une main se pose sur mon épaule, celle d'un infirmier accompagné de l'un de ses collègues : « Nous allons t'aider, ne t'inquiète pas. » Ils relèvent le garçon, le prennent chacun par un bras, et montent tous les trois à l'arrière de mon véhicule.

De retour à l'hôpital, je remets les clefs au procureur. J'ai mis du temps à renouer le contact avec le patient, car le complot était évident pour lui, vécu en pleine réalité. Il est resté très dépendant de la psychiatrie. Je l'ai suivi pendant de nombreuses années. Quand je l'ai recroisé, il m'a dit : « Tu es devenu professeur de psychiatrie et moi, utilisateur de la psychiatrie, les deux professions finissent bien par "-eur" comme douleur. Merci de m'avoir fait accepter ma pathologie pour renoncer à la toute-puissance. »

Je passe parfois devant « Chez Elle », établissement qui n'existe plus depuis longtemps, mais de toutes les soirées passées chez Oufémia, celle-ci a été la plus marquante.

Cicatrices psychologiques

Je rencontre une jeune femme, sœur cadette de neuf ans d'un garçon leucémique que j'avais accompagné pendant sa maladie, jusqu'à sa disparition. Pour elle, son frère n'était qu'un prénom sur un tableau de famille, alors que la souffrance restait vive chez ses parents. On sait combien Françoise Dolto (et sa mère aussi) a été éprouvée par le choc de la mort de sa sœur aînée, d'une leucémie également. Sa mère, lui ayant demandé de prier pour qu'elle guérisse, aurait eu la maladresse de lui dire, en pleine douleur, qu'elle n'avait pas assez prié. Vrai ou faux, ce propos a marqué au fer rouge la thérapeute talentueuse que nous admirons tous.

Reprenons la consultation. Cette jeune femme est venue avec son fils, qui présentait un problème hématologique, fort heureusement bénin. Mais, avec le spectre du passé familial, on peut imaginer les réactions anxieuses qui ont pu en découler. Dans ce climat d'angoisse, l'enfant a régressé et a recommencé une énurésie à 9 ans (exactement l'écart d'âge entre sa mère et le frère de cette dernière). Le simple fait de parler de l'oncle disparu a permis de régler le problème (l'enfant avait été mis à l'écart, sans explications pour les photos du disparu qui peuplaient la cheminée des grands-parents). Cette histoire permet de se rendre compte des cicatrices psychologiques qui existent chez les psychiatres et, plus généralement, chez les soignantes et les soignants…

Partons à l'exploration de nos propres cicatrices psychologiques. Au commencement d'une carrière de soignant, il faut avouer que l'on n'est pas assez accompagné ni protégé des rencontres brutales que l'on peut faire. Vouloir soigner, c'est en partie vouloir régler sa crainte de l'idée de mort : la science contre la finitude, la prévention pour éviter la maladie et la psychologie pour guérir et compenser nos propres fragilités. Les psychiatres le savent, mais certains soignants font semblant de ne pas le savoir. À ce propos, on doit saluer la démarche de l'université d'Angers pour l'accompagnement des soignants débutants par les anciens soignants : ils décrivent l'histoire et la maladie d'un patient et le senior raconte ce qu'il a vécu lors de cette rencontre.

En ce qui concerne mes cicatrices, au début de mon vécu de soignant, comment oublier cet ouvrier algérien, sans famille, isolé, victime d'un cancer du rectum ? Alors externe des hôpitaux au bloc opératoire, je n'avais pour fonction que celle de tenir les écarteurs. Mais j'étais persuadé d'être également responsable de l'opération chirurgicale, et des douleurs dont il souffrait. En 1965, les traitements antalgiques étaient moins « protocolisés ». Il me demande de rester près de lui et me serre fort la main lorsque les douleurs postopératoires le débordent. C'était un manœuvre maçon, et je garde en mémoire la rugosité des cals de ses mains puissantes. Je m'assois sur une chaise, à côté de son lit, et je m'endors. Au petit matin, quand je me réveille, je le trouve mort, sa main serrant toujours la mienne.

Un peu plus tard, toujours externe des hôpitaux, Roger est un autre patient qui marque mes souvenirs initiaux. Il avait mon âge. Avec mon ami Paul Lamy, nous étions de garde auprès de lui à la fin de notre stage. On a transgressé un peu le régime rigoureux, imposé en raison de son insuffisance rénale, en lui apportant du foie gras et du champagne, totalement interdits. Nous avons bien fait, et « combien avons-nous eu raison, Paul ! », Roger nous a remerciés en nous disant : « Je vais bientôt mourir… Le 30 décembre, c'est ma fête, la Saint-Roger, vous penserez à moi ? » Oui, Roger, tous les 30 décembre, ton souvenir revient dans notre mémoire.

Je suis maintenant interne des hôpitaux. Je vois mourir de tétanos *post-abortum* (c'était avant la loi relative à l'IVG) une jeune fille qui a essayé d'avorter avec des queues de persil. Son agonie est interminable, elle est persécutée par des opisthotonos (d'importantes contractures et douleurs musculaires). Elle est sous respirateur et je ne me résous pas à arrêter la machine qui la maintient en vie. Même au moment le plus critique de son agonie, je relance l'espérance un peu folle d'une guérison et d'un accompagnement. Elle mourra dans d'abominables souffrances. Et dire que certains ont discuté cette loi essentielle pour protéger et supprimer les conséquences horribles de l'avortement non médical !

La cancérologie infantile est une spécialité qu'il faut, certes, respecter et honorer, mais redouter aussi. Mon internat en pédiatrie dans différents services m'a fait rencontrer Aimé, puis Michel, étonnant combattant, remarquablement intelligent, dont j'ai déjà longuement parlé dans mon ouvrage *Œdipe toi-même !*. Il est si présent, dans mon esprit et mes pensées, que je me trompe sans cesse sur la date de sa mort en l'annulant constamment, pour le faire ainsi vivre le plus longtemps possible. Je suis devenu ce petit garçon.

Me voilà en service de neuropédiatrie. Une petite fille aux yeux célestes est porteuse d'une encéphalopathie épileptique très grave. Avec sa psychothérapeute, mon amie Michèle, nous avons rêvé que son état s'améliore. Elle s'est engagée dans un déficit, nous laissant l'image de l'espérance de l'enfant qu'elle aurait pu être, si cette maladie ne l'avait pas frappée.

Barbara viendra raviver le souvenir de ce petit garçon, Michel, que j'ai tant aimé. Elle était géniale, pétillante d'intelligence et d'à-propos, fine, courageuse. Elle présentait un cancer et avait refusé de s'alimenter, « pour choisir la mort », me dira-t-elle.

Suit le cortège des évolutions vers la chronicité en psychiatrie, avec le suicide d'adolescents et d'adultes jeunes. Tout comme pour les cancérologues avec les patients qui échappent aux traitements, pour les psychiatres, le suicide est un échec avec lequel ils doivent vivre.

Un garçon à la carrière prometteuse se suicidera de manière singulière à la suite d'une histoire amoureuse. Pour un autre jeune homme, je déciderai de le faire sortir en permission thérapeutique, mais sous-estimerai le poids de son activité délirante. Comme pour cette jeune fille, elle aussi « dissociée » : un week-end thérapeutique dans sa famille mettra au jour son incapacité au quotidien. Il lui était impossible de faire chauffer l'eau pour les pâtes que je lui avais proposé de cuisiner ensemble. L'apragmatisme[1] poussé à l'extrême de ce jeune homme catatonique[2] en fera une « statue psychologique ». Un autre tombera d'un train… Une jeune fille se pendra ; une autre, étudiante en médecine, s'injectera des produits mortels dans les veines. Une autre encore se défenestrera.

Toutes ces cicatrices restent actives, mais ces échecs dramatiques m'aident à accompagner et à soigner. La critique de mes fragilités et l'absence de ces combattants disparus me permettent d'être plus serein et de faire courir moins de risques à mes patients. Rien n'est jamais gagné, tout se joue toujours. En s'appuyant sur nos peines, nous devenons plus forts, plus modestes et plus déterminés dans le soin.

---

1. État de passivité, d'inertie motrice et psychique alternant souvent avec des états d'excitation, caractéristique de la schizophrénie.

2. Incapacité psychique de réaliser des actes élémentaires dont le sujet possède les moyens instrumentaux de réalisation.

Il n'y a pas de vie minuscule

C'est à mon ami Charles Gardou que je dois cette magnifique expression : « Il n'y a pas de vie minuscule. » En 1974 est créé l'hôpital de la Timone, à Marseille. Je suis affecté au service de neuropédiatrie où a été aménagée une unité parents-enfants très innovante pour l'époque. Les parents sont non seulement acceptés, mais peuvent être hospitalisés avec leur enfant et participer aux soins, ce qui est d'une grande modernité. Nous passons des hôpitaux d'enfants à l'hôpital « de l'enfant et de sa famille ». En charge de cette structure, je reçois des nourrissons et des enfants porteurs d'affections neurologiques graves qui présentent, entre autres, des crises épileptiques et dont les progrès sont amputés par ces attaques neurologiques invalidantes. De manière informelle, je mets en place un lieu d'accueil s'apparentant à un bistrot, avec un coin café-viennoiseries pour les familles et les soignants. Je n'étais pas conscient de l'impact bénéfique de cette initiative. Aujourd'hui encore, j'ai des nouvelles de ces enfants, devenus adultes, qui ont bénéficié des soins spécialisés mais aussi de contacts transversaux autour d'un café ou d'une boisson. Le bistrot, ce lieu thérapeutique, a marqué ma carrière à tel point que, lorsque j'ai dirigé, en 2004, la Maison de Solenn à Paris, je me rendais au café de la rue de la Santé pour rencontrer les adolescents réticents à venir consulter dans mon bureau. Par la suite, une cafétéria a été installée au sein même de la structure, où adolescents du quartier, collégiens et lycéens des établissements scolaires voisins peuvent venir déjeuner ou se reposer dans la magnifique salle de séjour de cette institution, au grand dam des autorités hospitalières, hostiles à l'initiative pour des raisons administratives.

Au cours de notre vie de soignants, nous sommes, en début de carrière, plus jeunes que les parents de nos petits patients, puis à égalité d'âge, puis plus vieux et enfin définitivement papis. Je vois un bébé de 3 mois dont les traitements n'ont aucun effet sur les crises convulsives, qui se transforment en état de mal comateux et dégradent ses possibilités évolutives et cognitives. Il sera placé dans une institution grâce au combat admirable de ses parents, qui l'ont toujours soutenu et accompagnent sa vie. Ils ont accepté leur fils porteur d'un lourd handicap. Dès le début, le handicap était inscrit dans son parcours de vie.

Comment ne pas évoquer ce couple mère-fille, devenues des amies, que je suis depuis des décennies à la demande de mes confrères plus âgés ? Elles vivent en couple, se sont isolées à la campagne et maintiennent une fusion entre elles. Elles gardent une confiance dans notre relation. Cela m'impose d'accepter cette fusion, en soi pathologique entre une mère et sa fille, mais qui constitue le fondement de leur vie.

Les parents d'enfants en situation de handicap sont toujours préoccupés pour leur devenir d'adulte, lorsque eux-mêmes auront disparu. Que deviendront-ils ? Comment seront-ils défendus ? Que feront-ils dans la vie, dans la société ? Nous pouvons être furieux des discours culpabilisants de « fusion », d'« adhésion » ou de « déni » car la dénégation, le soutien et l'affection sont obligatoires et permettent aux parents d'enfants porteurs d'un handicap de survivre. En pleine zone d'immense souffrance, parler de déni est culpabilisant à l'extrême pour les parents, les soignants et tous les intervenants compétents s'occupant de ces enfants, adolescents et adultes handicapés. Grâce à ces parents et aux combats qu'ils mènent pour leurs enfants devenus adultes, j'ai compris qu'il n'y a pas de vie minuscule et que l'attachement n'a rien à voir avec la qualité développementale ou cognitive. On rêve toujours d'un enfant imaginaire qu'il ne sera jamais, mais ces enfants devenus adultes survivent parfois grâce au sacrifice de leurs parents et à la participation obligée de la fratrie.

Les lieux de vie et de vacances spécialisés pour ces patients, notamment pour les autistes, sont capitaux pour qu'ils bénéficient de vacances comme les autres, mais aussi pour que les frères et sœurs puissent avoir du temps à eux. J'ai eu des surprises, comme celle de ce jeune autiste, très attaqué par la maladie, qui a appris à lire tout seul, à 30 ans. Mais comment croire que cette femme âgée de 50 ans, lourdement handicapée, puisse paraître extrêmement jolie dans les yeux de sa mère ? Ceci est une preuve de l'amour parental porté à ces enfants. Je ne peux qu'admirer cette humanité éprouvée et affirmée dans les plus grands désarrois.

Mais reste, pour les parents, la crainte de leur propre disparition. À leur mort, que deviendront leurs enfants ? Comment seront-ils protégés ? Il faut applaudir ces lieux de vie qui se mettent peu à peu en place à travers tout le territoire. Ils ne peuvent fonctionner qu'avec un collectif, un soutien, un accompagnement. Ils permettent aux parents de se séparer de façon plus sereine de leur enfant, d'essayer de lui donner une autonomie et de favoriser son évolution. Quelques heures dans un hôpital de jour occupationnel les aident de façon positive. Je témoigne de ma grande admiration pour ces institutions et leur personnel.

Il faut toujours du temps au pédopsychiatre pour éliminer le doute porté sur les parents, comme si ses craintes s'exprimaient à leur détriment. Penser que la cause du retard vient de la position, de l'attitude des parents permet aux psychiatres de masquer leur propre difficulté à affronter le handicap.

Une jeune fille de 12 ans est orientée vers un IME (institut spécialisé médico-éducatif). Ses parents sont enseignants, la mère est directrice d'une école privée où son époux est instituteur. Elle a maintenu dans leurs classes respectives sa fille unique en grande difficulté d'apprentissage. Lors de ma proposition de rencontre, elle me renvoie « à dix mètres » en proférant : « Je veux bien discuter avec les membres de l'équipe, mais surtout pas avec un pédopsychiatre. » Essayons de comprendre le fondement de son agressivité. Elle a toujours été en lutte contre les psychiatres qui trouvent discutable sa volonté de maintenir sa fille dans un milieu scolaire non adapté, et pathologique sa fusion supposée, la proximité dans le même établissement scolaire que la mère créant une fusion.

Elle interprétait cela comme sa mise en cause dans le déficit intellectuel de son enfant. Voilà pourquoi elle avait imposé une condition, celle de ne pas discuter avec moi. Sa demande pour que je quitte la salle de réunion fut rejetée. J'observe l'attitude particulière de son époux qui cherche, dans mon regard, à excuser ce rejet. Le temps passe et la jeune fille fait des progrès, non pas scolaires, mais dans le confort de ses relations aux autres. Auparavant, elle était isolée, rejetée en classe, alors qu'elle est remarquablement accueillie par les autres enfants de l'institution.

Après l'admission de sa fille, la mère demande à me rencontrer pour me faire part de sa satisfaction concernant le soutien des équipes éducatives et son regret de ne pas pouvoir bénéficier de cette aide au sein des établissements scolaires en général. On ne peut qu'être heureux d'un compliment après un tel rejet. Elle me sollicite quelque temps plus tard, et se présente sans son mari. Elle me parle d'un événement survenu dans son adolescence. Elle était très amoureuse d'un joueur de cartes professionnel, qui habitait dans son quartier et qui devint son premier amant. À 17 ans, elle s'est trouvée enceinte et son compagnon lui a demandé d'avorter. La loi IVG n'étant pas encore votée, elle s'en est remise à une « faiseuse d'anges » qui l'a curetée à vif, sans médicament antidouleur. Elle a rompu avec son amoureux. Par la suite, à l'École normale, elle a fait la connaissance de l'homme qui allait devenir son époux. Celui-ci ne connaissait pas son histoire. Le couple a rencontré des difficultés pour avoir un enfant. Après la perte d'un enfant à œuf clair au troisième mois de gestation, événement qu'elle a relié à la culpabilité de son avortement antérieur, une nouvelle grossesse s'est annoncée.

Leur fille est née avec une « double circulaire du cordon », elle présentait des troubles respiratoires et a passé un mois en service de réanimation. Les dégâts de cette anoxie[1] néonatale expliquent sans doute les retards du développement de l'enfant. Cette femme, se sentant coupable, est persuadée de « payer » l'avortement de son adolescence. Je comprends alors sa fusion anxieuse à sa fille et le refus d'en parler aux psychiatres.

Elle arrête son discours et scrute ma réponse. Je prends la parole, non pas pour commenter cette révélation, mais pour l'informer de la bonne adaptation de sa fille dans l'établissement. Elle sourit et me dit : « Merci, alors n'en parlons plus. » En interprétant quoi que ce soit, je redoutais d'alimenter sa détestation des psychiatres. La suite se déroulera de façon convenable, car les progrès d'autonomie de la jeune fille se confirmeront. Elle sera admise dans un foyer occupationnel où elle se trouve toujours.

Il y a plusieurs années, la mère m'a envoyé un mot à propos de la politique d'inclusion des enfants en situation de handicap. Elle m'indiquait : « Généreuse

1. Diminution de la quantité d'oxygène que le sang distribue aux tissus.

proposition, mais n'oubliez pas que les soignants sont ignorants des handicaps multiples, et soutenez l'alliance avec les parents. Je sais que je peux compter sur vous. Merci pour notre fille. » Cette histoire, complexe au début, s'est bien déroulée, grâce à la qualité de l'institution.

Concernant cet établissement, me revient en mémoire un autre épisode. J'avais reçu, à la demande d'un collègue généticien, deux frères présentant l'un après l'autre une anomalie fréquente, une fragilité du chromosome X. Il en découlait un déficit cognitif, un retard de langage et une instabilité. Ces deux garçons ont évolué différemment : l'un a confirmé les prévisions pessimistes et l'autre fut intégrable dans un centre d'aide par le travail, évolution favorable en tout point. La prise en charge de qualité de l'institution n'avait pas permis la même évolution pour les deux frères, le socle de l'atteinte pathologique étant plus fort que le soutien éducatif proposé. Mais la belle issue se trouve dans ma rencontre avec les parents, qui m'ont sollicité dix ans après cette prise en charge. Désireux d'avoir un troisième enfant, mais craignant les probabilités de handicap, ils ont fait pratiquer une amniocentèse et un examen chromosomique. Tout était normal et ils attendaient la naissance d'une petite fille.

À leur demande : « Pouvons-nous appeler notre fille Marcelle ? », j'ai répondu : « Ne la handicapez pas ! », car il faut aussi rire des choses redoutables de la vie. Ils m'ont rétorqué : « Alors, Rufo en parrain et Marcelle, deuxième prénom ? » J'ai accepté le parrainage.

Électrochoc

C'est la seule fois de ma carrière où j'ai pensé que le traitement d'une jeune enfant de 11 ans imposait une sismothérapie[1] ! J'avais été terriblement marqué par ce geste thérapeutique dont les résultats, parfois positifs, sont un mystère de plus, que les neurosciences pourront sans doute expliquer un jour. Je me souviens d'un premier électrochoc auquel j'avais assisté. Dans une salle commune, sans anesthésie générale à l'époque, le patient, allongé sur le lit, avait un morceau de bois dans la bouche pour éviter de se mordre la langue : convulsions, crises d'épilepsie, perte de connaissance et «coma postcritique». Ce qui m'avait paru stupéfiant, c'était la solidarité des autres patients, pour la plupart d'entre eux psychotiques, qui entouraient le patient choqué. Ils lui avaient apporté une boisson chaude chocolatée, obtenue grâce à leur maigre pécule versé par l'hôpital. Cette attitude réservée face à cette thérapeutique est compréhensible.

1. Traitement par des convulsions provoquées à l'aide du courant électrique ou de substances chimiques.

Pourtant, j'ai gardé en mémoire deux patients calmés par quelques séances d'électrochocs. Un garçon catatonique, figé depuis plusieurs mois dans une attitude de statue, avec «oreiller psychique», sa tête et son cou en flexion par hypertonie des muscles cervicaux lui donnaient l'impression de s'appuyer sur un oreiller imaginaire. Il ne redescendait pas le bras qu'on lui soulevait. Et une patiente mélancolique, délirante, suicidaire, qui se mettait sous la douche brûlante. Cette jeune fille présentait tous les signes classiques d'une adulte mélancolique délirante. Elle voulait mourir et avait essayé de mettre sa tête dans la cheminée, de se jeter à plusieurs reprises sous les roues de véhicules croisés dans la rue, ou avait ingurgité une grande quantité de médicaments de la pharmacie familiale, notamment le contenu de deux boîtes de Doliprane, ce qui avait mis son foie en péril. Elle était très bonne élève auparavant, un peu timide et réservée, mais sans aucune mesure avec l'aspect figé et triste de la fillette que je reçois. Lors de notre première rencontre, elle éclate en sanglots en disant «Je veux mourir». Je cherche les explications de cet état et je relève le décès d'une grand-mère avec laquelle elle entretenait des relations privilégiées. Quels que soient les chagrins ressentis, cela entraîne une tristesse naturelle et réactionnelle, mais jamais un tel état mélancolique. Les traitements anxiolytiques majeurs et les neuroleptiques n'ont aucun effet. J'hésite, comme toujours, dans la prescription des antidépresseurs, par crainte qu'ils ne favorisent un passage à l'acte. L'hospitalisation, très surveillée, est incontournable, avec les visites fréquentes et régulières du personnel durant la nuit.

Un soir, une infirmière est arrivée au moment où la jeune fille était en train de se pendre ; elle a appelé à l'aide, tout en la soutenant par les jambes, pour éviter la strangulation. Cette soignante s'est arrêtée de travailler quelque temps, car ses nuits étaient hantées par ce souvenir traumatique. C'est à la suite de cet épisode tragique que l'option de la sismothérapie s'est présentée à l'équipe. J'ai demandé les avis de collègues psychiatres d'adultes et du conseil d'éthique, et il fut décidé de la pratiquer sur la jeune fille. Les modalités de ce traitement s'étaient bien améliorées depuis le premier électrochoc dont j'avais été témoin : anesthésie générale de courte durée, surveillance et accord de la famille, et présence de celle-ci dès le réveil de la patiente. Il a fallu plusieurs dizaines de séances alors que, dans mes souvenirs, peut-être défensifs, quelques électrochocs suffisaient pour améliorer l'état des patients. De façon étonnante, elle ressurgira au monde et reprendra sa scolarité. Le suivi ne montrera pas de rechute, pas pour l'instant pour les pessimistes. Ce traitement mystérieux a tellement modifié les circuits neuronaux pathologiques et psychotiques que la neurotransmission s'est améliorée. Tout cela est très schématique et minimaliste sur le plan scientifique.

Je voulais témoigner de ma gêne d'avoir engagé ce traitement nécessaire. Ce que l'on ne connaît pas et que l'on ne comprend pas porte des espérances, soigne, et parfois, on l'espère, guérit.

Paralysés

Il arrive que les neurologues « baissent pavillon ».

Cet adolescent ne peut plus marcher depuis plusieurs mois, sans qu'aucun signe organique puisse expliquer son immobilité. Une jeune fille ne voit pas, les neuro-ophtalmologues sont perplexes car son appareil visuel est en parfait état. La main gauche de cette enfant est serrée, toujours contractée, sauf pendant le sommeil, voire au cours d'une anesthésie de courte durée pratiquée pour vérifier si ce symptôme persiste. On parle alors de troubles psychosomatiques, sachant que l'on devrait plutôt dire somatopsychiques. Par exemple, les crises d'asthme peuvent être déclenchées par des moments de tensions anxieuses, mais il faut être « doué d'asthme » pour que cette manifestation s'exprime.

Assistant-chef de clinique, grâce à mon passage antérieur en service de pédiatrie, je désirais ouvrir le champ de la psychologie médicale dans la représentation des maladies et ses conséquences sur le psychisme et le cognitif. Le constat de ces troubles, pour lesquels aucune pathologie organique n'est trouvée, m'a donné l'idée de mettre en place une unité spécialisée.

Je reçois un jeune homme de 14 ans, paralysé des deux membres inférieurs, hospitalisé depuis des mois dans le service de neuropédiatrie. Tous les examens cliniques et paracliniques sont négatifs mais son environnement familial est terrifiant : un père violent a quitté le foyer après avoir essayé d'y mettre le feu alors que le jeune homme, sa sœur et sa mère étaient présents. Cette dernière, anxieuse, souffre de fibromyalgie (pathologie parfois « fourre-tout » quand on ne trouve pas de diagnostic, d'étiologie ou d'explication à ces douleurs invalidantes). Je décide du transfert de l'adolescent dans l'unité, avec son accord, celui de sa mère et du service qui l'avait en charge. Étonnamment, il va bien s'adapter à cette structure. À cette époque, à l'hôpital Sainte-Marguerite, au premier étage d'un vieux bâtiment plein de charme, se trouvaient des box que nous avions transformés en chambres pour y installer notre nouvelle structure. L'adolescent a hérité d'une pièce spacieuse, d'un lit bas en raison de sa taille et de son impossibilité de marcher. Tel un sultan des Indes, il a imposé d'être porté par deux aides-soignants pour descendre au réfectoire et en salle de classe, situés au rez-de-chaussée. Il jouit de cette situation privilégiée.

Ses troubles sont apparus après la fracture du col du fémur de la grand-mère maternelle, qui ne s'est pas remise de sa lésion et est décédée des conséquences du décubitus[1]. Il était très attaché à cette femme dont il était le préféré, sa jeune sœur, qui ressemblait trop à sa mère toujours endolorie, ne trouvant pas grâce aux yeux de l'aïeule. Lui a une particularité : c'est le portrait craché du

1. Position du corps reposant sur un plan horizontal.

grand-père disparu, adoré par la grand-mère. Ce grand-père avait été amputé d'une jambe après un accident de moto. Vous imaginez bien que tous ces éléments ont animé des réunions de synthèse passionnées autour de ce jeune garçon paralysé. Y avait-il une identification aux lésions des membres inférieurs des personnes disparues de sa famille, notamment de la grand-mère qu'il aimait ?

Je me permets de rapporter ici une anecdote amusante concernant une aide-soignante qui s'occupait de lui, notamment lors de la douche, et qui a rougi en nous faisant part de son constat : « Cet enfant est un homme. » Il avait entamé une puberté avancée et son pénis était d'une dimension importante pour son âge. Je gérais la prise en charge et l'un de mes collègues, interne dans le service, devait effectuer une psychothérapie d'inspiration psychanalytique. Le jeune homme allait mieux, suivait une bonne progression scolaire mais était, plus que jamais, paralysé. Pensant être pris au piège de ce garçon, j'ai réfléchi à un stratagème. Je lui ai rendu visite et lui ai annoncé que je lui supprimais le fauteuil roulant, qu'on ne l'aiderait plus pour ses déplacements, qu'il fallait qu'il se débrouille pour aller au réfectoire, en salle de cours ou dans le jardin. Dans l'après-midi, alors que je m'étais rendu dans un autre département, j'ai reçu un coup de fil du chef de service qui, visiblement, était furieux de ma décision et m'a dit que je n'avais aucun respect envers la pathologie de ce patient. Ma réponse a été une question : « Quelle pathologie ? La sienne ou la nôtre ? » J'ai maintenu ma position malgré l'opposition quasi générale du personnel du service. Le soir, avec difficulté, le jeune homme nous a rejoints à la veillée animée par un interne autour de chansons accompagnées d'airs de guitare et de contes. On m'a opposé «fureur de guérir», mais nous avions fait un pas important, comme lui, dans le traitement de ces symptomatologies psychosomatiques. Ce garçon a marché avec difficulté, puis a guéri de ses symptômes, a poursuivi une scolarité normale et est devenu éducateur sportif.

Une série de prises en charge a suivi celle-ci, qui m'a beaucoup servi et appris. J'ai souvent hospitalisé, en unité d'adolescents, des patients présentant ce type de manifestations, en faisant toujours attention au voisinage car la contamination est extrême. On peut boiter comme un camarade qui boite ou avoir un tic phonatoire comme un autre ami, lors d'un échange pathologique d'ado à ado.

À propos de l'«autorisation de guérir» – expression que je préfère à la «fureur de guérir» –, je réalise un «coup» avec un adolescent qui voulait me rencontrer dans un bar. Il a envie d'aller aux toilettes situées au sous-sol et me demande de l'y conduire. Tout comme avec mon adolescent de l'unité, je lui propose de se débrouiller sans mon aide. Il y parvient. La mère, qui m'avait conduit son fils en fauteuil roulant, reste stupéfaite de le voir sortir en marchant.

Un autre cas clinique montre à quel point il faut tenir bon quand la symptomatologie se fixe. Une jeune fille de 14 ans, depuis plus d'un an, ne marche plus. De fait, elle présente une fonte musculaire, une amyotrophie[1] et des raideurs tendineuses secondaires à l'immobilité, conséquence et non cause de son état de somatisation. Tout a commencé par un effroyable accident de la circulation avec son père et son jeune frère, après un aquaplaning, un tête-à-queue et un tonneau. Fracture du crâne

1. Signe clinique consistant en une atrophie musculaire.

et coma pour le père, de même que pour son jeune frère. Éjectée du véhicule, elle en sort miraculeusement indemne. Cependant, le lendemain, elle ne peut plus marcher et l'on redoute une fracture vertébrale. Elle se retrouve à l'hôpital pour observation et bilan. La mère multiplie les allers-retours du service de réanimation où se trouvent son mari et son fils à celui de traumatologie pour sa fille. Le père, gendarme, gardera une hémiparésie[1] droite, et le frère présentera une hémiparésie gauche avec des séquelles au niveau du langage. La jeune fille, elle, présente une paralysie des deux membres inférieurs. Tous les bilans effectués se révèlent négatifs. Une dispute importante l'oppose par la suite à son père qui lui dit : «Ça suffit, ton frère et moi avons été gravement touchés, et toi tu simules ce handicap pour attirer l'attention sur toi, tu as toujours été jalouse de ton frère.» Même si cette interprétation semble finalement adaptée, le père l'a proposée de manière sauvage.

La différence réside dans les liens affectifs entre les protagonistes ; alors que je suis à l'abri, en tant que soignant, lui est suspecté en raison du lien affectif à sa fille. La mère prend fait et cause pour celle-ci. Le couple se sépare, avec la domiciliation de la fille chez sa mère et du frère paralysé chez son père. À partir de là, l'adolescente s'oppose à l'exercice du droit de visite de son père, qui clame la manipulation de son ex-femme, victime et complice de l'attitude de leur fille. Celle-ci refuse de retourner au collège malgré les aménagements réalisés par l'institution pour une meilleure mobilité. La greffe de ce refus scolaire anxieux sur sa pathologie psychosomatique conduit à son hospitalisation. Je demande à

1. Paralysie partielle ou légère d'un côté du corps, se manifestant par une diminution de la force musculaire.

voir le père pour recueillir son accord, et le frère pour qu'il nous fasse part de son vécu quant aux relations distendues, voire inexistantes, qu'il entretient avec sa sœur. Lors de mon premier entretien, le père, culpabilisé, me dit regretter les mots prononcés à l'encontre de sa fille en mettant en exergue et en lumière la rivalité fraternelle antérieure. Je suis parfaitement d'accord avec lui. Le contact de la jeune fille avec son père et son frère est glacial, ils évitent de se regarder. Mais je relève une attitude singulière : elle croise ses jambes, alors qu'elle ne pouvait plus les bouger depuis longtemps.

Elle accepte les séances de kinésithérapie avec les massages, la mobilisation passive, et noue une relation privilégiée avec le rééducateur. Rien ne va bouger, c'est le cas de le dire, durant des mois. Je continue à maintenir les rencontres mensuelles avec son père, son frère et sa mère, qui, angoissée par la persistance du symptôme, participe favorablement à ces consultations. En se rendant à l'une de mes consultations, le père et le frère sont à nouveau victimes d'un accident de la circulation, banal cette fois-ci, avec moins de dommages physiques que lors du premier. Cependant, ils présentent des blessures visibles sur le visage, causées par le bris du pare-brise. Un moment magique survient alors : l'adolescente demande à l'infirmière de participer aux soins de son frère lors du changement des pansements. Le père éclate en sanglots, implore son pardon pour les mots proférés à son sujet. La suite est stupéfiante.

Un séjour au ski avait été organisé par l'unité d'adolescents. Alors qu'elle ne faisait pas partie du groupe prévu pour ce séjour, la jeune fille a demandé à participer au voyage et m'a envoyé par SMS une photo d'elle pratiquant le ski de fond.

C'est dangereux pour la tienne

C'est quoi le courage ? C'est, entre autres, la fidélité en amitié. Pendant l'Occupation, mes parents accueillent et protègent un couple d'amis d'origine aixoise, lui juif séfarade et sa femme, Marcelle, « catho » (une confidence, c'est l'origine de mon prénom !). Dans la rue, un homme interpelle mon père et lui dit sur un ton suspicieux : « Tu sais, Michel, ce que tu fais est dangereux pour ta famille. » Mon père l'empoigne par le col et lui répond : « Ce que tu dis, c'est dangereux pour la tienne. » Les autres membres de la famille de ce couple finirent tous dans le camp de la mort de Buchenwald, mais nos amis n'ont pas été déportés. Émile a même dépassé les 100 ans. Il m'a téléphoné pour m'annoncer : « Marcel, j'ai 100 ans ! » Ma réponse fut : « Rendez-vous dans 100 ans ! » L'identification à mon père, ce héros familial, m'a beaucoup aidé à me construire et m'a donné la force de surmonter les temps difficiles, à différentes étapes de ma vie. Je veux remercier ici mes parents.

Je rencontre Lucien, 14 ans, après un signalement effectué pour une « information préoccupante[1] ». Ses parents ne sont plus en capacité d'assurer son quotidien : son alimentation, sa vêture et surtout son comportement. Son absentéisme scolaire a déclenché l'alerte des services sociaux. Le rapport de l'enquête sociale dont je prends connaissance avant de recevoir l'adolescent est accablant. Une sœur aînée a déjà été placée, avec une hypothèse lourde de sévices sexuels de la part du père. Son jeune frère présente un handicap visuel et son suivi médical est médiocre. Le père, agent de sécurité, est considéré comme une personne violente. À plusieurs reprises, il a été mis en examen pour des bagarres de rue. La mère, sans doute déficiente intellectuelle, n'a jamais appris à lire. Elle a probablement été victime de violences conjugales. Lucien est un garçon intelligent qui, de façon étonnante, accepte l'idée d'un placement familial. Il est cependant préoccupé par le sort de son jeune frère, qu'il ne veut pas abandonner. L'affaire va se compliquer, ou plutôt se simplifier, car le père est incarcéré pour violences sur autrui, survenues lors d'une banale querelle entre automobilistes au cours de laquelle il a fracturé la mâchoire de son opposant. Les services sociaux trouvent une famille d'accueil pour les deux frères. Un voisin s'occupe du placement de la sœur aînée. Lors d'une permission, le père tue la mère,

1. Information transmise pour alerter le département sur la situation d'un enfant en danger ou en risque de l'être. C'est le cas si la sécurité, la santé ou la moralité de cet enfant sont en danger ou en risque de l'être.

après lui avoir reproché l'abandon de leurs enfants. Il sera condamné à perpétuité. Lucien éprouve de la culpabilité de n'être pas resté auprès de sa mère pour la protéger, et refuse de voir son père qui le réclame. Celui-ci mettra fin à ses jours en se pendant avec des draps dans sa cellule. Lucien et sa fratrie sont orphelins. Il entame un parcours honorable et devient éducateur spécialisé.

Plusieurs années après, je le revois en consultation pour l'un de ses enfants, un garçon âgé de 9 ans et demi. Lucien a épousé une enseignante qui, petite, avait été placée dans la même famille d'accueil que lui. Les parents de cette dernière n'arrivaient plus à contenir le comportement violent de leur fille à l'égard des autres élèves et ont recouru à une mesure de protection. Par la suite, l'épouse de Lucien a accompagné, sur le plan éducatif, le frère cadet de son mari dans un établissement et service d'aide par le travail (ESAT) où celui-ci est désormais autonome. Lucien garde des relations affectueuses avec sa famille d'accueil. Il ne communique plus avec sa sœur aînée, mère d'un petit garçon. Elle a rayé sa famille pour effacer les sévices dont elle a été victime. Il souffre d'autant plus de cette situation que son fils ne connaît pas son cousin du même âge.

Le petit garçon, que je reçois, ne supporte aucune frustration tant à la maison qu'à l'école. Il est en CM1, dans l'école où exerce sa mère, laquelle me dit finement n'avoir jamais été son institutrice. L'agressivité de cet enfant inquiète ses parents, notamment son père, comme si réapparaissait l'image du grand-père violent et assassin. D'ailleurs, Lucien confie avoir peur de passer à l'acte contre son fils, lors des accès d'insultes et de violence du jeune garçon. Seul avec ce dernier, je le trouve peu loquace. Je lui parle de son père que j'ai connu lorsqu'il était adolescent, sans susciter le moindre intérêt. Le garçon évoque ses grands-parents maternels, enseignants tous les deux, le grand-père directeur d'école et la grand-mère professeur d'anglais. Ils n'ont eu qu'une fille, sa maman. Il aime les ouvrages de Marcel Pagnol, et plus précisément *La Gloire de mon père*. Il identifie le grand-père à ce grand écrivain. Je l'interroge sur les grands-parents paternels décédés. Il me répond avec vivacité qu'il est au courant de leur histoire par son père, mais qu'il ne veut pas en parler.

Lors de la séance suivante, cet enfant exprime la dimension de honte qu'il éprouve. Il connaît le drame familial, sait que son grand-père n'avait plus envie de vivre et cette identification familiale le fait souffrir. Il dit alors : «Je me bats à l'école car je crois que les autres se moquent de moi à cause de mon histoire.» Je décide de m'associer à Lucien et à son épouse pour savoir comment aider leur fils, traumatisé par les identifications impossibles à la lignée paternelle. Avec son talent et son intelligence, Lucien me dit : «Les grands-parents maternels sont adorables, il faut renforcer cela. Ma femme leur a pardonné de l'avoir placée, car cela lui a permis de devenir ce qu'elle est.» Je propose une rencontre avec les grands-parents : le père du beau-père de Lucien est compagnon de la Libération, héros de la Résistance, de quoi faire l'admiration de son arrière-petit-fils. Je vais prescrire du Pagnol, autant que faire se peut. Je remarque que s'ensuit une amélioration du garçon, qui veut devenir enseignant comme sa mère, ses grands-parents, et le père de Marcel Pagnol. Ce qui était dangereux dans sa lignée paternelle n'est pas dangereux dans la lignée maternelle. Une identification toxique peut être annulée par une identification sublimée.

Durant la dernière consultation, Lucien m'a confié qu'il voyait bien son fils devenir éducateur spécialisé : «Je vous ai souvent entendu dire que faire le même métier que ses parents était un signe d'identification réussie. Vous savez combien ont été importantes pour moi les personnes de ma famille d'accueil.» Je lui réponds : «On verra, Lucien, si ton souhait est exaucé.»

À votre bon cœur, messieurs-dames !

Je ne sais pas si elle me reconnaît. En m'éloignant un peu, j'essaie de voir si son regard change, s'il est différent de celui du moment où je lui ai donné l'aumône. Dans le froid de l'hiver, cette mendiante avec ses deux petites filles est une de mes anciennes patientes.

J'ai rencontré Marion quand elle avait 5 ans. Elle était violemment battue par son père, qui lui avait brisé le bras. À l'examen général, on retrouvait de multiples fractures des côtes consécutives aux coups antérieurement reçus, ainsi que des brûlures de cigarette dans le dos. Sa mère, battue également, avait demandé à être protégée et hébergée avec sa fille dans une unité d'accueil pour femmes battues dont je connaissais la directrice pour avoir travaillé avec elle.

Cette dernière avait été choquée et étonnée par l'agressivité inquiétante de la fillette à la crèche, mise en place par l'institution pour éviter les fusions mère-enfant mais également pour libérer ces femmes, de temps à autre, en vue de leur réinsertion ou de leur formation. Très jeune, l'enfant avait étranglé un canari en passant la main à travers les barreaux de la cage. On pouvait aisément comprendre que son comportement reproduisait ce qu'elle avait douloureusement vécu, avec une expression très pathologique.

L'enfant était en retard dans tous les domaines : propreté, langage, graphisme et sociabilité. Inscrite en grande section de maternelle à l'école du village, elle avait été une véritable terreur pour les autres enfants : elle multipliait les coups et les morsures, se débattait brutalement comme si elle voulait qu'on lui fasse mal en tentant de la maîtriser. Une orientation vers un établissement spécialisé fut décidée et c'est là, alors qu'elle était remarquablement suivie par une thérapeute de cet institut médico-éducatif (IME), que j'ai été amené à la rencontrer.

J'ai mis un temps fou avant de pouvoir échanger avec elle. Elle se taisait en scrutant mon regard, sans un mot. J'attendais en silence puis proposais des sujets d'échange, mais aucun son ne sortait de sa bouche. Un jour, je lui ai raconté les propos d'Ulysse déclarant à un opposant (elle-même l'était beaucoup !) : « Comment oses-tu faire sortir les paroles de l'enclos de tes dents ? » Surprise, elle m'a demandé qui était Ulysse. Après mes explications, elle s'est passionnée pour la guerre de Troie, notamment pour les batailles. C'est grâce à Ulysse que j'ai réussi – par ruse ! – à forcer sa porte psychique.

Avec l'aide des pédagogues de l'établissement et le soutien puissant et constant de la psychothérapeute, l'enfant a fait quelques progrès et acquis la lecture. Un essai en classe de perfectionnement de l'époque (actuellement CLIS, classe pour l'inclusion scolaire) a été proposé, mais l'agressivité de Marion s'est manifestée de plus belle, avec une tentative d'étranglement, cette fois sur un élève, nécessitant l'aide d'une ATSEM (agent territorial spécialisé des écoles maternelles). Désespéré par cette évolution toxique, j'ai essayé de reprendre contact avec la mère de Marion qui refusait de la voir, puis avec son père. Ce dernier, qui avait été emprisonné en raison des sévices dont il était l'auteur sur sa femme et sa fille, travaillait comme charcutier dans les Ardennes. Il avait refait sa vie et arrêté de boire. Il a refusé de revoir sa fille en prétextant qu'elle avait hérité de tous ses défauts et travers, y compris de son agressivité.

L'adolescence de Marion avait ensuite été compliquée et, à quelques reprises, elle avait fugué de l'établissement et subi plusieurs viols, dont l'un avait entraîné la naissance de sa première fille, alors qu'elle avait 15 ans. Elle avait poignardé aussi un de ses assaillants avec un couteau qu'elle lui avait dérobé. Le juge des enfants avait ordonné son placement dans un établissement fermé, réservé aux adolescents délinquants dangereux. Un expert avait été désigné et avait pris contact avec moi. Il m'avait posé la question : s'agissait-il d'une psychopathie littéralement structurelle [Marion était-elle née constituée comme ça ?] en fonctionnant par agressivité, sans respect d'autrui, ou ce comportement était-il un système de défense par lequel elle agressait les personnes en fonction des sévices qu'elle avait vécus ? Elle avait d'ailleurs, entre autres exploits, crevé l'œil d'une des pensionnaires avec un tesson de verre, au cours d'une dispute banale. J'ai éprouvé un sentiment d'impuissance et de non-réponse, pourtant j'ai dit à l'expert que l'aspect réactionnel était réel et que ce n'était pas le fait d'une structure de type psychopathique.

Cependant, Marion avait évolué correctement puisqu'elle suivait une formation de cuisinière et était même employée à l'école maternelle où sa fille était scolarisée. La psychologue avait maintenu un lien avec elle, même après sa majorité. Marion avait rencontré un adolescent placé dans la même institution qu'elle et le couple avait eu une petite fille. Son compagnon avait suivi une formation de boucher, comme le père de Marion.

Mais voilà que Marion, à son tour, s'était mise à commettre des sévices physiques sur ses enfants, ne supportant pas leurs pleurs. Un signalement avait été effectué et son compagnon l'avait quittée, en obtenant la domiciliation des fillettes. Cette période sans ses filles s'était révélée paradoxalement favorable, l'expert ayant retenu ma préférence pour la seconde de ses hypothèses – à savoir que le comportement de Marion était une réaction aux maltraitances subies. Néanmoins, elle avait pu bénéficier d'un droit de visite pour ses filles à un point-rencontre médiatisé et protégé ; on avait permis à la jeune femme de passer toute une journée avec elles. Elle était serveuse dans un restaurant d'un village voisin du domicile de son ex-compagnon et pouvait voir facilement ses enfants.

Le destin frappa encore sa route car le père de sa deuxième fille eut un accident de moto mortel. Une proposition fut faite à la mère de reprendre ses filles avec elle. Mais, à ce moment-là, elle perdit son emploi et bascula, comme son propre père, dans l'alcoolisme, ce qui conduisit au placement de ses filles en famille

Boutons de manchettes en or

Sur la liste des consultations de la journée, un nom de famille me rappelle un jour une vallée de l'arrière-pays niçois. En effet, dans une des ruelles d'un village médiéval, de nombreux habitants portent ce même patronyme. Il est habituel et souvent utile, au début d'une rencontre, d'évoquer les origines familiales : « Que fait votre famille ? Où habite-t-elle ? » Cette fois, sans attendre la réponse, je mentionne le village d'origine possible. Immédiatement, je perçois une gêne de la part de mes interlocuteurs, puis vient la révélation de l'histoire. Je précise que cela se situe avant les progrès de la procréation médicalement assistée, du temps où la stérilité était une tare et devait être masquée.

Voilà l'histoire de ce nom de famille, nom que l'on ne peut pas dévoiler. Nous sommes en 1890. Malgré les multiples prières qu'elle a faites dans l'église baroque du village, Marie-Blanche, qui a épousé Giuseppe, ne peut pas avoir d'enfant. Cette union est une mésalliance, mais Giuseppe est si beau garçon ! Il est vacher, alors que le père de Marie-Blanche est clerc de notaire. L'union a finalement été acceptée, car d'accueil. Elle se mit à errer, eut des relations sexuelles consenties ou pas tout au long de sa vie d'errance. Ses deux enfants furent placées et on retrouva, un jour, Marion noyée dans le port de la ville, sans savoir si c'était un accident ou un suicide.

Auparavant, elle avait envoyé un message à sa psychothérapeute pour demander de l'aide. Celle-ci n'avait pas eu le temps de lui répondre. Dans le courrier, une phrase m'était destinée : « Merci à Rufo pour l'histoire d'Ulysse. »

les deux amoureux ayant fugué durant deux jours, réparation devait être faite pour éviter le déshonneur. La jeune femme garde un souvenir radieux de ce moment : Giuseppe avait harnaché sa mule, il portait un tablier de cuir et des peaux de mouton. Au petit matin, il a imité le chant du hibou, alors qu'elle attendait cet instant, toute tremblante. En passant par un col, ils sont arrivés dans un relais situé sur l'ancienne route du sel. Cette maison fortifiée conservait quelques pièces salubres où se mettre à l'abri de la pluie. Giuseppe a fait un feu, choisissant avec soin les essences odoriférantes, il a sorti de sa besace un fromage de chèvre et une joue de porc qu'il a fait griller, tout cela servi avec un pain qui pouvait se conserver plusieurs jours. Il y avait du vin, sans doute celui de la messe, dérobé pour lui par le sacristain, ainsi que deux pommes, celles d'un pommier du village voisin qui produisait les meilleures de la région. Il a embrassé Marie-Blanche doucement sur le front, a étalé les peaux de mouton et ils se sont aimés, sous le fracas de l'orage couvrant les cris de plaisir de l'amante. Sur la porte du relais, le lendemain matin, la couverture ensanglantée attestait de la virginité de Marie-Blanche. Le clerc de notaire a voulu tuer l'amant, mais il n'était pas courageux et Giuseppe était, lui, si puissant. À contrecœur, le père a consenti à cette union, sous l'œil amusé du sacristain, lors du dépôt du bouquet à la Vierge.

Après cette nuit sublime, la vie de Marie-Blanche a été semée de difficultés. Giuseppe buvait et restait à la taverne de plus en plus tard, à jouer aux cartes avec ses compagnons de beuverie. Un soir, il l'a frappée et blessée à la joue qu'il avait jadis si tendrement baisée. Mais surtout, Marie-Blanche n'a jamais porté d'enfant, ce que le clerc considérait comme une malédiction liée au péché commis par sa fille. Malgré son avarice, il a consenti à financer une visite à Nice chez un médecin spécialiste réputé, lequel a proposé des médicaments dont il avait le secret, mais rien n'y fit ! Notons qu'à cette époque Giuseppe n'était pas mis en cause car un homme n'était pas stérile, ne *pouvait pas* être stérile ! Durant l'hiver qui suivit, Marie-Blanche s'est mise à tousser. C'était l'époque où la tuberculose faisait des ravages. Il a été décidé d'un changement d'air. Elle est passée des montagnes au bord de la mer, sur la côte ligure, pour arriver jusqu'à Bordighera. Elle a été logée dans une pension de famille, tenue par Ezia, fille talentueuse, qui s'occupait de l'intendance. Marie-Blanche y a retrouvé une belle santé. Elle nageait tous les jours dans les eaux de la Méditerranée, puis s'assoupissait entre les rochers, après ses efforts nautiques. Elle souriait à la vie, retrouvant sa gaieté et oubliant les montagnes. Ce séjour ayant un coût, le clerc a décidé son retour d'autant que, d'après les nouvelles, sa fille avait recouvré la santé. Marie-Blanche a été attristée par cette annonce et a exprimé son mécontentement de partir. Elle a confié à Ezia son impossibilité d'avoir un enfant. Un sourire étrange est apparu sur le visage de son amie et logeuse, qui lui a dit : « Reviens ici pendant neuf mois, et je m'occuperai de tout pour l'enfant. » Elle lui a proposé de venir de la période allant du printemps au mois de décembre, puis de retourner chez elle, dans son village, avec le bébé d'une de ses nièces. Cette dernière, régulièrement enceinte, était déjà mère de neuf enfants qu'elle avait du mal à nourrir.

Marie-Blanche est restée stupéfaite mais rêvait d'un bébé et de passer la belle saison à Bordighera. La nouvelle grossesse de la nièce a été annoncée. Alors que Marie-Blanche ne mangeait plus et toussait à nouveau, il a été décidé de son retour en Ligurie. Peu après son arrivée, elle a envoyé un message à sa famille lui annonçant qu'elle était enceinte, un peu affaiblie, mais qu'elle espérait mener sa grossesse à terme. Le clerc a versé une aumône importante dans le tronc de l'église. De son côté, Giuseppe a fait le matamore en offrant une tournée générale à la taverne. Ezia a envoyé une photo en noir et blanc de la future mère au quatrième mois de gestation, en cachant un coussin sous la robe à crinoline que portait Marie-Blanche. Toutes deux ont beaucoup ri de ce subterfuge. Giuseppe a décidé de rendre visite à sa femme. C'est alors qu'Ezia, herboriste experte de surcroît, a fait une décoction qui a ballonné Marie-Blanche. Bien joué, les amies ! Giuseppe est remonté dans ses montagnes, plus fier encore, renouvelant au bar une tournée générale. De son côté, le sacristain tançait le clerc pour les aumônes journalières à l'église qu'il tardait à distribuer. On comprend mieux, à présent, la gêne des parents à l'évocation du village d'origine de la famille : cet enfant n'était pas le descendant biologique de ce couple, le patronyme a été usurpé en raison de la complicité de Marie-Blanche sur la proposition initiale d'Ezia.

Reprenons la généalogie de cette famille, sur laquelle va s'appuyer la prise en charge psychologique de l'adolescent qui nous est confié.

1890. Mariage de Marie-Blanche et de Giuseppe. Le père de Marie-Blanche, clerc de notaire, on l'a vu, vit cette union comme une mésalliance. De plus, son épouse, très bigote, ne croise jamais Giuseppe à l'église (c'est une *baciapile*, ce qui signifie « embrasse-bénitier », « une grenouille de bénitier » selon notre expression en français).

1900. Naissance de Mario, soit l'arrière-grand-père du patient, né selon le stratagème d'Ezia.

1940. Naissance du grand-père du patient, notaire. La grand-mère est clerc.

1970. Naissance du père de l'enfant reçu en consultation, notaire comme son père ; sa femme est également clerc.

2002. Naissance de Joseph, l'adolescent qui consulte, vu en 2014, à l'âge de 12 ans, en raison de son addiction aux jeux vidéo et au vol de la carte bancaire de la grand-mère (700 euros de retrait et d'achats).

Revenons à l'histoire : Giuseppe a toujours ignoré que Mario, né en 1900, n'était pas son fils biologique. Ce dernier devient joueur, bagarreur et violent, ressemblant trait pour trait à son père civil. Le malheur du péché continuait à attaquer cette famille. Mario eut un enfant avec une serveuse de la taverne, où son père passait ses jours et ses nuits : c'est le grand-père, présent à notre consultation. Il effectua une scolarité remarquable et devint notaire. Puis son fils, le père de Joseph, lui succéda à l'étude. À noter que Joseph est la version française du prénom italien Giuseppe.

Mais il existe un second secret : quand Marie-Blanche a « réceptionné » Mario, elle a trouvé dans son berceau des habits tricotés, sans doute par la mère et la grand-mère biologiques de l'enfant, mais aussi des boutons de manchettes en or, possible cadeau du père biologique. Marie-Blanche a confié ces deux secrets à son petit-fils durant notre consultation, en présence du grand-père.

Devant ces données biographiques, je décide d'utiliser les traces signifiantes de l'origine biologique de la famille, mais le grand-père me dit alors : « Hélas, mon père, Mario, jouait au poker sur la Côte d'Azur, et lors d'une partie il a mis en gage, au casino de Monaco, les boutons de manchettes en or. » Les deux secrets se rejoignent comme deux affluents d'un fleuve et peuvent expliquer que Joseph non seulement fasse ressurgir la tare héréditaire, mais brise aussi, par son vol, l'honnêteté constitutive de sa famille civile. Joseph ignore tout cela.

Je propose à la famille, notamment au grand-père ayant reçu en premier les confidences de sa grand-mère Marie-Blanche, de lever le poids de ce secret lors d'une réunion familiale, dans l'intérêt de Joseph, et de parler des boutons de manchettes en or disparus. Le premier entretien est bref. L'adolescent est sympathique, charmeur. Il déclare qu'il ne voulait pas me voir et qu'il adore les jeux vidéo. Il justifie le vol de la carte bancaire de sa grand-mère : « C'est parce que ma famille est vieillotte et ne comprend rien aux plaisirs de ma génération. »

Je le revois après la levée des secrets familiaux. Il me dit : « Les notaires sont doublement faussaires : par notre nom de famille usurpé, et par mon prénom, celui de mon arrière-arrière-grand-père, Giuseppe, qui n'était pas le père de Mario, qui lui au moins jouait au poker. »

La prise en charge est difficile, l'adolescent est « opposant » et multiplie les passages à l'acte délictueux. Il se sent mal aimé : « Comme Marie-Blanche qui aimait peu Mario. » Au collège, il dérobe le portable d'une enseignante pour le monnayer. Un placement en internat est décidé, mais il en est vite exclu pour trafic de haschich dans l'institution. Rejeté par sa famille après un long parcours chaotique, il vit seul dans un studio, à l'âge de 18 ans, avec une somme allouée pour son quotidien.

De manière étonnante, j'ai eu de ses nouvelles : il a décidé de faire une formation d'artisan joaillier, envisage de vendre ses créations sur les marchés de Nice et de Monaco, et de se spécialiser dans la création de boutons de manchettes en or !

« Cevapcici »

Une jeune fille âgée de 12 ans vient me consulter pour une symptomatologie dont j'ai l'habitude : l'émétophobie[1]. Comme souvent, l'épisode est survenu après une épidémie de gastro-entérite : une amie à elle a vomi dans la cour de récréation et, depuis ce jour, Blandine redoute d'être dans la même situation. Cela s'associe fréquemment, et c'est le cas ici, à des craintes d'étouffement et de difficultés à la déglutition. Je suis d'accord pour établir un lien avec la peur de l'idée de mort pouvant entraîner un refus scolaire anxieux, afin de ne pas être confrontée à la situation phobogène[2].

Je recherche, dans l'histoire de Blandine, un événement déclenchant, une disparition ou des changements brutaux qui seraient à l'origine de cette déstabilisation. La jeune fille se prête volontiers à l'entretien et à l'interrogatoire, évoquant la disparition d'un grand-père paternel et celle d'un lapin domestique qui avait déjà atteint sa septième année ! La mère relate des crises de colère lors de toute frustration, alors que la façon dont

1. Peur irrationnelle de vomir ou que des gens vomissent à côté de soi.

2. Qui suscite la peur.

la jeune fille se présente ne permet pas de soupçonner ce type d'attitude. Je demande des précisions sur ces moments de tension. La mère me donne l'exemple de la couleur «poivre et sel» de sa propre chevelure. Lorsque ses cheveux poussent, les racines apparaissent, ce qu'elle trouve naturel et élégant, alors que Blandine, qui préférerait qu'elle se fasse une teinture, lui manifeste une vive désapprobation et lui rétorque : «Quoi ? Fière de montrer que tu deviens vieille ?»

Le père, présent à la consultation, intervient avec un «Je t'en prie !» qui exprime aussi son impulsivité. Je lui demande si des conflits apparaissent également entre Blandine et lui. «Souvent, dans nos activités sportives communes, me répond-il. J'adore le tennis et Blandine partage cette activité avec moi. Quand nous faisons un set où je joue sans démagogie et qu'elle perd, elle jette sa raquette et déclare qu'elle s'arrête.» Il précise qu'elle commence à renoncer à la pratique de ce sport et que le grand-père disparu était le meilleur joueur de la famille : il avait accédé à la deuxième série et remporté tous les tournois de seniors. Blandine se met à pleurer et son père la prend dans ses bras. J'apprends que c'est lors d'un «double» où Blandine faisait équipe avec son père que le grand-père a été terrassé par un infarctus, et qu'il est mort dans les bras de sa petite-fille, submergé par ses troubles respiratoires.

Je dispose de nombreux éléments biographiques expliquant cette émétophobie. À ce moment de l'échange, les parents demandent à me parler hors de la présence de leur fille. Nous avons pour habitude et pour règle de voir d'abord les parents et l'adolescent ensemble pour qu'ils exposent le motif de la consultation, puis l'adolescent seul, et enfin de réunir l'ensemble de la famille pour transmettre notre impression clinique et finaliser la décision générale. Aussi, j'hésite, mais ma curiosité me fait transgresser cette règle classique. La mère m'apprend que, jusqu'au CP, Blandine avait des difficultés alimentaires. Comme elle n'acceptait pas les morceaux qu'elle n'arrivait pas à avaler, sa nourriture devait être mixée. Une explication supplémentaire à la problématique présentée par la jeune fille : la mère a allaité Blandine jusqu'à ses dix-huit mois, alors qu'elle n'avait pu le faire avec la sœur aînée, pour qui l'allaitement maternel s'était arrêté dès le premier mois. Cela a indiscutablement favorisé une fusion mère-fille, indépendamment des bénéfices évidents et importants de l'allaitement maternel. Suivant les conseils éclairés de leur pédiatre, les parents ont mis en place une alimentation comportant de la purée, à laquelle ont été incorporés peu à peu des morceaux de pommes de terre, pour une transition progressive vers les morceaux. Tout se passait bien. Mais un jour, alors que le père était absent, Blandine, âgée de 2 ans, a été sur le point de s'étouffer avec un morceau d'aliment plus gros, trop vite dégluti, ce qui a entraîné un arrêt respiratoire, une toux, une cyanose, jusqu'à l'expulsion du morceau responsable dans un vomissement. À partir de ce jour, se sentant coupable, la mère a renoncé aux plats comportant des morceaux et lui a mixé tous les aliments jusqu'à l'âge de 6 ans.

L'actuelle symptomatologie de Blandine retentit violemment sur la mère, elle réactive ce sentiment de culpabilité. Le père me rapporte qu'il a présenté, de son côté, un refus scolaire anxieux à l'adolescence, à la mort de son grand-père paternel (pour lequel il m'avait préalablement consulté). De façon inconsciente, Blandine rejoue les moments dramatiques de son étouffement, la crainte de la séparation et la problématique scolaire. En effet, son père ne lui a jamais parlé de l'épisode qu'il avait traversé adolescent, et la mère n'a jamais évoqué devant elle celui de l'étouffement à l'âge de 2 ans. La jeune fille semble avoir perçu les conséquences du vécu de ses parents qui se traduisent par des craintes de vomir, de s'étouffer, de mourir pour la mère, et par une angoisse de séparation pour le père.

La question des parents survient alors : «Faut-il parler à Blandine de ces événements dont elle ignore tout, et avons-nous eu tort de ne pas le faire ?» Deux parents, deux culpabilités, et une symptomatologie. Cette jeune fille fait preuve d'une identification dangereuse aux faits antérieurement vécus par chacun de ses parents. Il s'agit pour moi de les rassurer et de les remercier de m'avoir fourni ces éléments biographiques. Je leur soumets l'idée que la rencontre avec Blandine nous apportera, je l'espère, des réponses à leurs questionnements anxieux.

Elle revient dans mon bureau et nous restons en tête à tête. Elle se montre plus tendue qu'au début de la consultation. En effet, je n'aime pas ce temps où l'adolescente est sortie de la pièce et où ses parents ont parlé hors de sa présence. Cela crée indiscutablement un trouble de la confiance. Elle me demande : «Qu'ont-ils raconté ?» Je lui réponds : «Ils m'ont parlé d'eux, de leur passé respectif. Ils m'ont dit que tu as mangé longtemps des aliments mixés.» Elle acquiesce : «C'est vrai, j'ai réussi à manger des morceaux grâce à mon grand-père paternel, qui me faisait des *cevapcici* et j'adorais ça.» Je souris. Elle me regarde, étonnée : «Vous connaissez ?»

La chance est au rendez-vous, comme toujours. Avant les régates auxquelles je participais, un ami serbe, grand skipper devant l'Éternel, cuisinait toujours des boulettes de viandes mélangées : bœuf, agneau et porc. Je lui raconte mon histoire et elle me dit que son grand-père, lui aussi, était serbe, «comme Djoko, ajoute-t-elle, fort en tennis et en cuisine». Elle avait vaincu sa phobie grâce à ces boulettes qu'ils confectionnaient souvent ensemble. «Il me disait que j'étais plus forte que mon père au tennis et dans les études.»

Je reviens sur ses difficultés à se rendre au collège et je lui conseille d'en discuter avec son père, qui a traversé la même problématique durant sa scolarité, et avec sa mère, pour l'histoire des aliments mixés. Elle est d'accord et retrouve alors le contact initial. Les séances suivantes sont menées avec l'idée et la volonté que la jeune fille s'approprie mes interprétations. Le père, qui est devenu avocat d'affaires, a pu lui rapporter la nature de notre échange précédent. Blandine me dit alors : «Vous êtes un grand cachottier, pourquoi ne m'en avez-vous pas parlé?» Je lui réponds : «Secret-défense, jeune fille, est-ce que je confie à tes parents le contenu de nos entretiens?» Je lui demande l'autorisation de raconter son histoire dans mon livre, en changeant son prénom. En reprenant les termes concernant un match de tennis contre son père, elle me rapporte : «J'ai pris un set à mon père et j'ai défendu, comme Djoko ou plutôt comme Boris, mon grand-père.» Le père était ravi de sa défaite et, surtout, d'avoir révélé ses difficultés et sa phobie qui l'inquiétaient lors de l'apparition des mêmes troubles chez sa fille. Il cuisine avec elle ces *cevapcici* en hommage au grand-père.

Patatras ! Alors qu'elle avait repris sa scolarité, la saison des gastro-entérites réapparaît et Blandine rechute. Je la revois et nous revenons sur le thème de l'alimentation mixée. La mère ne s'est toujours pas résolue à lui parler de l'épisode de l'étouffement. Elle pensait que le tir avait été rectifié par les *cevapcici* du grand-père serbe, d'autant que les relations se sont améliorées avec le père. Le poids du secret chez la mère explique sans doute les conflits variés qui l'opposent à sa fille.

C'est à ce moment que la mère présente des troubles de la déglutition, commence à parler d'une voix éraillée et explique qu'une intervention thyroïdienne est nécessaire. Le doute sur l'évolution d'un cancer de la thyroïde s'installe dans son esprit et, paradoxalement, la jeune fille est un véritable soutien dans l'accompagnement de sa mère malade qui subit une thyroïdectomie. Après l'intervention, elle suit un traitement radioactif et guérit totalement. Quand je revois la jeune fille, elle me donne de bonnes nouvelles de la santé de sa mère et revient sur l'épisode de l'étouffement : « Je m'en souviens très bien, mais je ne voulais pas en parler de peur de perturber ma mère. Quand elle a eu ses troubles de la déglutition, qui étaient réels et non imaginaires, j'ai pu en discuter avec elle et je lui ai dit que sa culpabilité s'associait à mon désir de secret, et qu'elle n'y était pour rien. Qu'en pensez-vous ? » Ma réponse : « Souvent, les enfants comprennent les parents qui pensent, eux, être les seuls à pouvoir les comprendre. »

Elle n'a plus présenté ce type de manifestation, a eu un beau parcours universitaire et savez-vous quel métier elle exerce ? Celui de médecin ORL !

Trente fois par jour

Je me souviens encore d'une soirée chez des amis où une jeune fille de 16 ans et une de ses amies se sont approchées de moi pour me poser une question sur l'anorexie mentale. Cette pathologie a été le questionnement le plus important de toute ma pratique. Comment faire ? Faut-il isoler ces malades, ou pas ? Que penser des manipulations ? Comment vivre avec la crainte du suicide ? Doit-on les hospitaliser et quels soins leur proposer ? Quelle est la place des parents ? Quels sont nos sentiments à l'égard de ces jeunes ? Pourquoi les formes d'anorexie sont-elles très souvent plus graves chez les garçons ?

Jeune interne en pédiatrie, j'ai été confronté très tôt à la prise en charge de ces patients. Les places qui leur étaient dédiées en hôpital étaient limitées, et restent insuffisantes actuellement. Il faut des services spécialisés ayant l'habitude de ce type de suivi spécifique : en pédopsychiatrie, ou en psychiatrie d'adultes avec des aménagements, en pédiatrie, en médecine générale, en endocrinologie. J'insiste sur la création d'unités spécialisées, dotées des bonnes pratiques pour cette grave maladie. J'avais alors demandé le soutien d'un aîné plus expérimenté, mais il n'était sans doute pas plus averti que moi de cette pathologie. Mon incapacité d'alors a certainement mis en danger telle adolescente, tel adolescent. C'est par la clinique que j'ai appris de mes maladresses et de mes erreurs.

Comment comprendre ce trouble majeur de l'image de soi ? Les patientes se trouvent grosses à 32 kilos ! Comment analyser la dysmorphophobie[1] ? Les jeunes filles, jugeant leurs joues trop rondes, vont jusqu'à réclamer une intervention pour réduire la masse graisseuse dite « de Bichat ». Comment analyser leur refus du corps sexué, leur volonté de comprimer leurs seins pour les aplatir, pourquoi redouter la transformation pubertaire ? Tout cela dans une atmosphère incestuelle, mais pas incestueuse[2], et la crainte de tout contact paternel. Comment les traiter ? Quand les hospitaliser ? Comment anticiper l'envahissement mélancolique qui pousse le sujet à tuer sa maladie, plus forte que lui, qui le dévaste et fixe son comportement alimentaire ? Est-ce que la rechute est une déception ou une évolution naturelle ? La famille est culpabilisée de ne plus voir la fille, du fait de la séparation imposée. Mais comment ne pas se sentir coupable ? La mère, manipulée, a-t-elle elle-même présenté ce type de trouble à l'adolescence ?

Mais revenons à l'histoire de cette jeune fille. Évidemment, elle a entamé un régime et, comme d'habitude, le piège s'est refermé sur elle.

---

1. La dysmorphophobie se caractérise par une préoccupation excessive, voire obsessionnelle, pour un défaut imaginaire ou un petit défaut physique. La personne atteinte de ce trouble a une mauvaise image d'elle-même.

2. On distingue ce qui est *incestueux*, et qui relève du passage à l'acte, de ce qui est *incestuel*, et qui en reste au stade du fantasme.

Cela commence par la suppression des aliments les plus caloriques (sucre, gâteaux, pâtes et féculents) au bénéfice de ceux qui le sont moins. Ces patientes deviennent des diététiciennes hors pair et connaissent de façon très précise les doses et calories de tous les aliments. C'est la « phase solide » du comportement anorexique. De nos jours, combien de jeunes filles ont suivi, pendant de longs mois, cette conduite désastreuse avec des comportements sportifs aberrants, en multipliant le nombre et l'intensité d'activités physiques telles que la course à pied, les pompes… ? Alors qu'elles sont extrêmement amaigries, leurs muscles sont très développés. Elles dépensent toute leur énergie à brûler les calories tant redoutées. Dans les couloirs du service, elles déambulent sans cesse, tout en accélérant le pas. Après le couvre-feu instauré, lorsqu'elles doivent regagner leur chambre, il leur arrive de tourner cinquante à cent fois au pas de course autour de leur lit dans l'objectif de perdre du poids.

Survient une deuxième étape, celle de la « phase liquide ». Elles s'abreuvent de thé vert et d'infusions, seuls aliments qu'elles absorbent. Certains sites dangereux devraient être interdits car ils proposent aux anorexiques de boire deux litres d'eau avant la pesée, pour masquer leur amaigrissement. Il faut donc vérifier leur globe vésical. Le toucher des patientes révèle la sécheresse de leur peau, la fragilité des phanères[1], la perte des cheveux et le lanugo qui consiste en une pilosité apparue du fait de l'effondrement œstrogénique et de l'arrêt des règles.

---

1. Production épidermique apparente (poils, ongles, dents).

L'examen classique comporte la prise de la tension artérielle. Le cœur étant un muscle, il peut maigrir, on constate alors une bradycardie[1] visible aux explorations radiologiques et parfois même la perte d'un tiers de la masse musculaire de cet organe. En cas d'effort intense, le muscle cardiaque peut d'ailleurs lâcher. L'examen clinique est original car, habituellement, le psychiatre « ne touche pas ». Mais dans ces cas-là, il faut prendre la tension, le pouls. Une jeune patiente me confiait qu'elle faisait infuser des épluchures de pommes dans de l'eau chaude et ingurgitait cette décoction de façon nutritive. Elle bronzait sous un soleil de plomb, espérant une hypersudation qui lui permettrait de perdre du poids. Elle se postait dans les anfractuosités des rochers, offrant aux autres ce corps décharné qu'elle trouvait esthétique. Elle s'exposait ainsi au danger supplémentaire de la déshydratation.

On peut constater parfois une aggravation de la pathologie avec l'alternance de phases boulimiques, car les patientes meurent littéralement de faim. Elles se font vomir, ce qui constitue aussi un risque vital. Le potassium peut chuter et, avec ce cœur fragilisé, un arrêt cardiaque est possible. Le bilan biologique explore la glycémie et montre parfois une inversion de la formule de la numération sanguine, avec une augmentation des lymphocytes et une diminution des polynucléaires.

Qu'en est-il de la protidémie[2], des marqueurs thyroïdiens, du phosphore, du manganèse et du fer ? Le

1. Ralentissement du rythme cardiaque.

2. Lors d'un amaigrissement, le taux de protides dans le sang (protidémie) diminue.

plus souvent, le bilan biologique est curieusement normal. Malgré son bon contact, notre adolescente est déjà engagée dans une phase dangereuse de la maladie : la dernière, la «phase aérienne». Un retour en arrière sur mes premiers combats face à cette maladie fait apparaître dans ma mémoire l'image de cette jeune fille dont on n'entendait plus la voix. Elle chuchotait et m'avouait qu'il lui arrivait de respirer une fois de moins par minute pour maigrir. Une autre patiente me confiait qu'elle voulait s'envoler au vent comme une plume, du sommet de son angoisse et de son amaigrissement. Le risque psychologique de disparition de soi, dans cette pathologie, est bien réel. Dans l'histoire de la jeune fille de 16 ans, j'ignorais encore que les consultations dureraient plus de vingt ans. Son suivi a été scandé par de multiples hospitalisations sous diverses modalités, soit classiques avec isolement, soit plus ouvertes. Je me suis aperçu que, lors des permissions, elle remplissait son sac à dos de victuailles qu'elle ingurgitait puis vomissait. Cette jeune fille, intelligente et fine, a arrêté sa scolarité alors qu'elle était très brillante. Elle a évoqué une agression sexuelle, la bouche étant le lieu d'entrée des «choses toxiques». Elle est devenue la championne des vomissements, jusqu'à trente rejets par jour. Elle était capable de les déclencher par une simple pression sur son abdomen. Sa dysmorphophobie, cette obsession exagérée pour un défaut peut-être imaginaire, reste présente, encore actuellement. Sur son chemin, elle a trouvé des praticiens de qualité, qui ont eu une réelle sympathie pour elle et ont toujours voulu lutter avec elle contre sa maladie. À plusieurs reprises, elle a été hospitalisée en réanimation car elle risquait de mourir des conséquences de la chute potassique. Tout au long de son parcours, elle a été très bien soutenue par l'ensemble de sa famille sur laquelle elle a pu compter, son père et sa mère l'accompagnant. Ils luttent contre la désespérance menaçante, mais l'amour qu'ils lui portent est indestructible. Au plus proche d'elle, sa fratrie la protège, et la protégera toujours, d'une issue fatale : graves scarifications et multiples tentatives de suicide très intenses. Leur préoccupation majeure, ainsi que celle des médecins, est de savoir comment envisager une protection contre les passages à l'acte. Les anxiolytiques, comme une nouvelle addiction, puis l'alcoolisme défensif ont aggravé sa dépression. Elle tient bon, malgré de nombreuses rechutes. Une lueur d'espoir : son intérêt pour la diététique et le bio. Il faut noter le nombre important de patientes qui sont devenues des diététiciennes ou des psychologues compétentes. Le travail, d'abord par la reprise des études, ensuite par des fonctions dans le domaine des aliments bio, l'a grandement aidée à voir le bout du tunnel. Peut-être qu'une histoire amoureuse lui fera récupérer ce corps blessé et bafoué.

Une autre jeune anorexique, qui avait été hospitalisée en pédiatrie chez l'un de mes élèves, a bénéficié d'une prise en charge dans l'unité d'adolescents où j'exerce actuellement. Elle s'est améliorée mais, à sa sortie, une rechute est apparue. Divine surprise, à nouveau hospitalisée et évaluée, elle a demandé un suivi en hôpital de jour dans la même structure. Elle vient me voir régulièrement, pourtant d'assez loin. Elle sourit, va mieux, est repartie vers une scolarité de qualité. Elle veut, elle aussi, devenir diététicienne !

La cordelette d'amour

Aimée, la bien nommée, et Cédric s'aiment depuis toujours : ils étaient déjà fiancés à l'école maternelle. Ils se sont cachés pendant leur scolarité primaire pour éviter d'être la cible de moqueries des autres élèves qui auraient scandé : « Oh les amoureux ! Oh les amoureux ! » À l'adolescence, ils ont confirmé leur attachement. Aimée est magnifique, brune aux yeux verts, un corps qui aurait inspiré n'importe quel sculpteur. Cédric est massif, puissant, super fort en mathématiques et au lancer de poids. En revanche, dès le début de leur idylle, leurs deux familles ont vu cette relation amoureuse d'un très mauvais œil. Les parents d'Aimée, fonctionnaires d'État, sont rigides et stricts sur le plan de l'autorité et de l'éducation. Aimée, leur fille unique, a pour mission de réussir sa vie personnelle et sa scolarité.

Les parents de Cédric s'inscrivent dans un schéma tout à fait opposé. Marchands ambulants, ils n'attachent pas une grande importance aux principes, parlent un peu fort, fument du haschich et laissent une entière liberté à leurs deux enfants. Ils reconnaissent chez leur fille Caroline « un peu d'air de chez eux», un côté rebelle et non conventionnel, au grand dam de la famille d'Aimée, qui trouve ce comportement scandaleux et aberrant. Malgré cela, Caroline a réussi sa première année de médecine en «primante». Cédric est très compétent en maths, Aimée est littéraire mais ses parents, un peu jaloux du succès universitaire de Caroline, veulent qu'elle suive elle aussi un cursus scientifique. Peu intéressés par les très bons résultats de leur fille en français et en histoire, ils redoublent d'exigence pour le renforcement de ses acquisitions en maths et lui font donner des cours particuliers. La situation se corse car les deux familles habitent dans le même immeuble, à l'étage dit «noble» pour Aimée et ses parents, c'est-à-dire au premier, tandis que Caroline et sa famille sont logées au dernier, avec colonisation des combles. Cela crée une source de conflits permanente, notamment lors des assemblées générales de copropriétaires, les occupants du premier étage se plaignant constamment des bruits «venant d'en haut».

L'apparition des règles chez Aimée renforce la rigueur de ses parents car sa beauté plastique les inquiète. La mère semble éprouver une certaine jalousie à l'égard de sa fille. Les conflits intrafamiliaux s'exacerbent au moment de l'adolescence. La mère d'Aimée a surpris sa fille tenant la main de son amoureux à la sortie du collège. Et, horreur parmi les horreurs, elle aurait vu le petit couple s'embrasser. L'affaire se révèle d'autant plus compliquée que Caroline, présente lors de l'algarade déclenchée par la mère d'Aimée, était intervenue en lui disant que si elle avait peur de la sexualité, elle ne devait pas paniquer et en priver sa fille. En larmes, la mère d'Aimée se confie à son mari, qui gravit l'escalier jusqu'au dernier étage de l'immeuble pour manifester son courroux. Le père de Cédric le reçoit avec un calme olympien, un peu « enfumé » sans doute, et lui suggère de se calmer en lui offrant un verre. Depuis cet épisode du baiser, interdiction est faite à Aimée de côtoyer Cédric et de lui adresser la parole. C'est là que les deux amoureux vont contourner l'interdiction. Ils se servent d'une cordelette pour échanger des billets doux entre leurs étages d'habitation respectifs. De jour, comme de nuit, ils s'envoient des déclarations, d'autant plus passionnées qu'ils bravent l'interdit. Mais un jour, la cordelette reste coincée dans les volets de la fenêtre de la chambre d'Aimée, et son père découvre ainsi le stratagème et le message d'amour qui était accroché. Une colère terrible des parents s'ensuit et décision est prise d'envoyer Aimée en pension. Le père appuie son argumentation en disant qu'elle est nulle en maths et que Cédric, non seulement ne l'aide pas dans cette matière où il excelle, mais la perturbe en entretenant une relation amoureuse.

Les vacances sont douloureuses, les adolescents souffrent d'être éloignés l'un de l'autre à la prochaine rentrée scolaire. La jeune fille dépérit, ne s'alimente plus, pleure beaucoup. La décision des parents d'inscrire leur fille en pension dans une institution religieuse est maintenue car jugée bénéfique pour elle. Caroline, qui a un réel attachement pour Aimée, maintient le contact de son frère avec son amoureuse, et facilite même des rencontres en cachette. Le couple confirme sa belle histoire d'amour par une relation sexuelle. Mais ça y est, il faut partir, et Aimée, le cœur déchiré, est dévastée par le départ à l'internat. Cédric dit qu'il fera le mur de cette institution pour aller voir sa bien-aimée.

À son arrivée en pension, Aimée est prise de malaises, de vomissements et n'a plus ses règles. Elle dissimule sa grossesse jusqu'à ce que celle-ci soit visible, au sixième mois. Terrifiée, redoutant la colère de ses parents, elle décide de faire confiance à une surveillante du collège, extrêmement suspecte, qui, en pleine illégalité, s'occupe de l'accouchement et de l'abandon du nouveau-né, un petit garçon. Aimée n'en parle pas et se sent coupable de n'avoir pas eu le courage d'élever cet enfant, pourtant issu d'une relation d'amour.

Nous la rencontrons plus tard, avec Cédric. Elle est professeur de lettres tandis que son compagnon a suivi un cursus à l'École centrale. Elle a rompu tout lien avec ses parents. Ils nous donnent des nouvelles de Caroline, pédiatre dans un service hospitalo-universitaire. Aimée a enfin levé le voile du secret. Ils viennent me voir car ils ont retrouvé leur fils, adopté à la naissance par une famille d'accueil. Comment lui parler ? Comment rattraper le temps perdu ? Quel attachement voue-t-il à la famille adoptive ? Comment, pour Aimée, ne pas se sentir coupable ? Nous sommes dans une situation où des femmes ont utilisé cette mesure dommageable de l'accouchement sous X, loi qu'il faut supprimer. Les conditions de vie ont changé, et la souffrance perdure de ne pas avoir pu accompagner cet enfant abandonné. Cédric et Aimée n'ont pas eu d'autre enfant, mais leur amour d'adolescents a prouvé qu'ils ne sont pas stériles. Sans doute l'importante culpabilité d'Aimée en est-elle la cause, comme une stérilité psychologique traumatique. L'accompagnement de ce couple, extrêmement sympathique, en grande souffrance, permet une rencontre sans heurts avec leur fils. L'adoption a bien fonctionné, mais les conditions dans lesquelles elle s'inscrivait n'étaient pas connues de la famille adoptante. Leur fils a été heureux d'apprendre qu'il était issu d'une belle histoire d'amour. Il aime ses parents adoptants, qu'il a totalement investis. L'espoir d'Aimée est d'être une grand-mère aimante et présente, à temps partiel, et pourquoi pas réussir cette « grand-maternalité ».

Quelques années plus tard, j'ai reçu un mot m'annonçant la naissance d'une petite fille dont le deuxième prénom est Aimée, avec un message où était inscrit : « Merci pour le soutien. » Elle a ajouté qu'elle était prête à être une grand-mère disponible.

Bonne route, Aimée, et à bientôt pour votre prochain roman à succès.

Chauve comme lui

Si la théâtralité est souvent agréable, elle est parfois assommante quand elle envahit tout le champ relationnel. L'adolescente que je rencontre excelle dans ce domaine, avec bouderies, conflits, tentatives de suicide. Je tiens bon et, petit à petit, je pense que cela peut fonctionner. Il faut toujours éliminer les pensées négatives qui, paradoxalement, sont interprétées comme un signe d'intérêt par cette patiente. Un jour, tout s'apaise. Je me demande si je ne suis pas responsable de cette amélioration, que j'espère définitive. On connaît le cas de « Dora », mis en scène par Sigmund Freud. Cette jeune fille a été revue vingt ans plus tard par Franz Alexander. Elle était toujours aussi hystérique et préoccupante. Alors, si même l'inventeur de la psychanalyse n'a pas modifié la trajectoire de sa patiente, nous pouvons mieux supporter nos difficultés et nos échecs !

Cette fois, l'amélioration perdure. Le moment est donc propice pour dire aux parents que la prise en charge peut être suspendue. Je souhaite ce moment depuis le début, bien qu'il faille maîtriser le contre-transfert sur les personnalités hystériques.

Banco ! Elle est d'accord et me remercie. Je croise les doigts et l'informe de ma disponibilité, si elle éprouve le besoin de me rencontrer (tout en souhaitant ne plus être en jeu dans cette problématique).

Hélas ! Quinze jours plus tard, la mère me sollicite. Je pense aux retrouvailles et à l'échec de la prise en charge. Mais elle se présente sans sa fille. Ouf ! Elle me demande si je peux voir son fils, puisque la prise en charge de sa fille est arrêtée. Habituellement, je refuse de voir les fratries en même temps, mais là, pourquoi pas ? Un rendez-vous est prévu, auquel se présentent les deux parents et l'adolescent. Je rencontre un jeune homme à l'aise en entretien, équilibré, sympathique, ne nécessitant apparemment aucun soutien. Je reçois ensuite les parents seuls, qui m'exposent le motif de la consultation : ce garçon n'est pas le fils du père présent. La mère entretenait une relation amoureuse avec le père biologique et était enceinte, quand elle avait rencontré son futur mari. Informé de la situation, ce dernier avait accepté son épouse et la grossesse en route. « Comment le dire à notre fils ? J'aimerais que vous vous en chargiez », me demande-t-elle.

Je réponds d'abord par la négative mais propose de le recevoir lors d'une autre séance. Ma tâche est facilitée par la première phrase du jeune homme : « Ma famille est un peu mystérieuse. Certes, ma sœur, que vous connaissez, perturbe beaucoup notre équilibre familial. Mais il y a quelque chose de l'ordre du secret que je ne comprends pas. » La réponse est simple, puisque je lui propose de poser la question à ses parents. Ceux-ci reviennent me voir, en me remerciant : ils ont pu parler à leur fils de sa naissance. Cette annonce a été bien accueillie car elle lui a enlevé un poids. Il a exprimé très fortement que son père civil était son père et comptait beaucoup pour lui. Une situation complexe qui s'est bien déroulée, et surtout bien arrangée.

Cependant, le jeune homme me sollicite à nouveau : il veut rencontrer son père biologique. Sa mère demande à celui-ci s'il est d'accord et, en contrepartie, ce dernier fait promettre la confidentialité sur cette révélation dont il n'a pas parlé à sa propre femme et à ses deux enfants. J'ai souvent rencontré cette problématique : un enfant naît d'une relation amoureuse, puis les vies et les trajectoires se séparent. Mettre un visage sur un parent, garder en mémoire le son d'une voix est indispensable pour la construction de soi. Cette possibilité offerte à ce sympathique garçon est rare. Il y a souvent un refus, un barrage, soit de la part du père biologique, soit de celle de la famille de celui-ci, au nom de l'équilibre familial. Il n'est pas rare que le secret dévoilé provoque des dégâts bilatéraux, tant sur l'enfant né de cette relation amoureuse que sur la fratrie et l'entourage, blessés par l'attitude du père ou de la mère. Les frères et sœurs peuvent prendre la défense de la mère, mais aussi craindre leur propre abandon de la part du père « abandonnique ».

Le jeune homme veut rencontrer son père biologique car, par pudeur, il ne peut parler à sa mère de la relation amoureuse qu'elle a entretenue avec cet homme. D'ailleurs, il n'en parlera pas, seul compte pour lui le désir de voir son visage et d'entendre sa voix. Entre-temps, il réussit le concours d'une école de commerce. À cette occasion, son père civil – « papa », me dit-il – lui a offert une montre suisse, héritée de son propre père disparu, « le chrono de pépé », ajoute-t-il avec fierté. Il relève une singularité : son père biologique est suisse et banquier ! Il exprime, avec malice, la crainte que sa fratrie, du côté de son père biologique, ne revendique l'héritage de ce bijou. Il dit naturellement qu'il cachera ce secret, pour remettre plus tard ce cadeau à l'enfant qu'il aura car « c'est le chrono de ma famille réelle et affective, et de papa qui m'aime ». Son père civil a adopté et intégré avec amour dans sa vie ce garçon fort sympathique. Sa mère, comblée par sa relation amoureuse, a avoué avoir cédé aux manœuvres de séduction, intenses et permanentes, du banquier suisse. Elle avait toutefois refusé ses cadeaux, signant pour elle une séquelle douloureuse de son aventure. Le père suisse annula deux rencontres et une colère apparut chez le jeune homme. Mais un autre rendez-vous a pu être enfin fixé, à la gare TGV de Genève. « J'en profiterai pour acheter des chocolats. Génétiquement, j'ai toujours préféré les suisses aux belges. Croyez-vous, docteur, que c'est héréditaire ? » me demande-t-il. L'Italien de Ligurie que je suis lui répond que j'aime les deux, les belges et les suisses. De retour, il vient me rapporter le contenu de son échange. Concernant son père biologique, il dit : « Il est sympa, intelligent mais froid. Je préfère papa… Il m'a dit qu'il avait été ébloui par ma mère dont il cache depuis toujours une photo. Craignant que son épouse ne la découvre, il me l'a offerte. C'est vrai, elle est jolie. Il ne souhaite pas que je connaisse mon frère et ma sœur. Moi non plus, d'autant que je redoute la fratrie et j'ai déjà une sœur que vous connaissez ! Il m'a signifié qu'il m'aiderait pour un stage si j'en avais besoin. On a toujours besoin d'un banquier quelque part, surtout suisse. Tiens, je vous ai rapporté des chocolats suisses et merci de votre accompagnement. Mais je suis très fier d'être avec papa, le mari de ma mère, et le père de ma satanée sœur. Mon père biologique n'a même pas remarqué mon beau chrono suisse. Regardez la photo de ma maman et vous comprendrez pourquoi cet homme est tombé sous son charme. »

Il sort du bureau et revient aussitôt pour me dire : « Je sais pourquoi je commence une calvitie : alors que papa a une chevelure foisonnante, mon père biologique est chauve comme un caillou ! Je vais me plaindre gentiment à ma mère. »

Le parfum entêtant des asphodèles

Il arrive que les enfants perdent leur père précocement. Depuis plusieurs jours, Michel, mon père, attendait avec son charreton, à la gare de Toulon, les bagages de son père, mon grand-père Clemente. Un soir, en montant l'escalier de la rue Cathédrale, dans le vieux Toulon, il entendit les pleurs de sa mère. Son père était mort dans les Abruzzes, le mien avait 13 ans.

J'ai compris, très tôt, que les enfants endeuillés par la perte d'un de leurs parents, ici le père, devenaient des pères attentifs. Ils redoutaient aussi l'âge fatidique de cette disparition en pleine jeunesse, craignant à leur tour cet âge. Évidemment, Clemente et Giovanna, son épouse, sont pour moi des grands-parents imaginaires que j'ai mythifiés. Comment ? Clemente avait trois métiers : revendeur de fruits et légumes le matin, tueur à l'abattoir l'après-midi et gardien de magasins la nuit. Pourquoi cette triple activité ? Lui, le migrant pauvre, voulait que le soleil ne se couche jamais sur les terrains qu'il avait achetés autour de Castel Nuovo, son village d'origine. Il avait également acquis une maison imposante sur la place du village, pour exposer sa réussite.

Son épouse, du même village, avait comme nom de famille Abruzzese, preuve de l'origine montagnarde de notre famille. Il était très attaché à sa grand-mère et est mort dans ses bras, d'un œdème aigu du poumon, pour lequel il avait bénéficié d'un traitement archaïque et médiéval, approprié malgré tout : la pose de sangsues. Son père, mon arrière-grand-père, Biaggi, était la seule personne du village qui savait lire. C'était pour moi une grande fierté. Quand je suis retourné dans ce village, j'ai rencontré l'homme qui l'avait habillé après son décès. Celui-ci m'a confié : «C'est moi qui ai habillé ton arrière-grand-père, car j'étais le seul homme présent au village... Même mort, les femmes ne pouvaient pas habiller un autre homme que le leur.» Mon père n'est jamais retourné dans ce village et les biens de Clemente ont été dispersés par un compère, chargé par ma grand-mère de s'en occuper. Il n'a rien laissé et, de manière hostile, les nouveaux propriétaires de la maison m'en ont interdit l'entrée en me signifiant qu'ils «l'avaient payée». À qui ? Il repose là-bas, avec sa grand-mère, séparé pour toujours de son épouse, enterrée à Toulon, et décédée peu après lui des suites d'un terrible cancer de l'estomac. Le soleil éclaire sa tombe tout au long du jour.

Durant tout mon exercice, j'ai souvent rencontré des enfants dont un des parents avait mis fin à ses jours, en proie à une double douleur : celle de l'abandon et celle de la perte et du deuil. Certains ont même découvert leur père pendu; un autre n'a jamais vu son père revenir à la maison, en fin de journée, du fait d'un accident de la route; un autre encore a été témoin, de manière tragique, de l'assassinat de son père par des cambrioleurs ; il y a peu de temps, un enfant a vu son père enseveli sous la terre lors d'un glissement de terrain alors qu'il faisait des travaux dans le jardin. Ces morts brutales sont inimaginables et pas imaginées, c'est très difficile. Mais le plus souvent, il y a des morts programmées comme lors d'« une longue maladie », d'un cancer.

C'est la rencontre avec ces cinq enfants dont le père va mourir, après une agonie de deux ans, que je vais vous raconter. Ce père, Antoine, est corse et ombrageux. Toute sa scolarité a été soutenue par ses parents, un père fin lettré et une mère totalement de parti pris pour ses enfants, surtout pour lui. Personne n'avait droit à la moindre critique. Travailleur moyen, mais d'une intelligence de « saute-ruisseau », il a réussi les examens de la faculté de médecine, y compris de la spécialité de cardiologie. Son « patron » en cardio est séduit par son originalité. Lors de ses études, il rencontre Émilie, une infirmière jeune et jolie, mais surtout totalement adoubée par la mère d'Antoine. Elle est corse, elle aussi (du Sud alors qu'ils sont du Cap !). Elle est issue d'une famille modeste, catholique pratiquante, aînée d'une fratrie de cinq également. Elle souhaite avoir une famille nombreuse, cinq enfants comme sa propre fratrie, alors qu'Antoine n'en veut que deux. Comme sa belle-mère, sous un aspect tendre, Émilie est une véritable passionnée.

Le premier enfant, un garçon, porte le prénom de son grand-père, Dominique, car on ne badine pas avec la tradition méditerranéenne. Il est timide, anxieux, doutant de lui, au grand dam du grand-père, qui voulait reproduire sur son petit-fils la même procédure éducative que celle appliquée à ses propres enfants. Plus il stimulait Dominique, plus cela inhibait l'enfant. Cet état antérieur est fondamental pour comprendre les éléments tragiques qui vont survenir. Une petite fille naît, qui est la rencontre et la revanche de la mère : elle impose un premier prénom, sans lien familial, Annabelle, mais le deuxième prénom est celui de la grand-mère maternelle et le troisième, celui de la grand-mère paternelle. Puis la mère donne naissance à une petite Paola, enfant qui réussira très bien sa vie. Arrivent les jumeaux, avec un faible poids de naissance, l'un présente un léger strabisme et l'autre un pied bot. Ces anomalies inquiètent le père, qui a toujours craint d'avoir un enfant handicapé.

Émilie a donc réalisé son rêve, avoir cinq enfants. La vie de cette famille se déroule tranquillement jusqu'à ce qu'un malheur vienne la frapper. Antoine, le père, présente une grave affection neurologique, celle qui fait peur à tous les étudiants en médecine : la sclérose latérale amyotrophique. L'issue est toujours fatale, au terme d'une longue agonie, après une paralysie d'un côté, une main dite « de singe », puis des troubles de la vue et de la déglutition qui entraînent la mort par suffocation. Émilie montre sa force, mais les enfants vivent différemment l'agonie de leur père. La mère d'Antoine, qui s'oppose au diagnostic, décède d'une hémorragie cérébrale, quelques mois après cette annonce. « C'est la colère qui l'a tuée. » Son époux, le père d'Antoine, met fin à ses jours, ce qu'Antoine refuse de dire à ses enfants.

Dominique, l'aîné, qui est âgé de 13 ans à la mort de son père, est parfait tout au long de la maladie de celui-ci. Les enfants sont à la charge de la mère, du fait de la maladie du père. Jamais Dominique ne laisse paraître son pessimisme. Il nous confiera que son désarroi ne devait ni fragiliser sa mère, ni décompenser son père qui luttait contre la maladie. Annabelle pleure beaucoup, affaiblie et blessée psychologiquement, en raison de la maladie de son père mais surtout de la disparition de sa grand-mère avec laquelle elle avait des rapports privilégiés. Elle nous dira : « Mamou mangeait souvent seule avec moi et me préparait les plats que j'aimais. » Elle la voyait sans ses frères, sa sœur ni ses parents. Je comprends bien que ces pertes la laissent sans défense dans une disposition anxieuse.

Paola est en guerre, mais elle a d'excellents résultats scolaires en primaire. Elle améliore ses performances comme une défense pour fuir la réalité. Elle veut devenir chercheuse en médecine, c'est une évidente sublimation. Suivent les jumeaux, Pierre et Paul, en dernière année d'école maternelle. Paul présente une amblyopie[1] et, paradoxalement, cet affaiblissement de la vue le protège beaucoup. Il va souvent à l'hôpital « pour être soigné, comme papa ». Pierre présente un retard de langage et l'orthophoniste nous explique qu'il est envahi par la crainte de l'idée de mort.

Les jours se succèdent avec des instants très douloureux, puis des moments d'espérance lors des très courtes rémissions, et une phase terminale où Antoine s'isole et ne veut plus voir ses enfants. Il ne supporte

1. Déficience visuelle unilatérale qui est généralement constatée chez les jeunes enfants.

plus que la présence forte et aimante de son épouse auprès de lui. Dominique assure le soutien de la fratrie et donne des informations sur leur père qu'il dit voir, alors qu'il ne le voit pas régulièrement. Annabelle perd beaucoup de poids, elle refuse de manger et vomit en cachette le peu d'aliments qu'elle ingurgite, tout en rêvant des plats de sa grand-mère disparue. Paola a décidé d'aller vivre chez sa tante, prétextant l'inscription dans une école de grande qualité mais surtout pour fuir cet environnement mortifère. Pierre pense que Paul a peur de l'idée de mort, qu'il est moins fort que lui. Ils sont en retard sur la thématique de la disparition et de l'idée de mort qui apparaît dès l'âge de 5 ans. Tous les enfants assistent à l'enterrement pour le dernier accompagnement de leur père. Ils sont très dignes et malheureux, sous l'autorité et le regard du frère aîné, Dominique.

Les années passent. Dominique est désormais prêtre missionnaire en Afrique. Annabelle, grande cuisinière, a ouvert un restaurant renommé. Elle reproduit les plats de sa grand-mère adorée. Paola travaille dans un laboratoire de recherche. Les deux sœurs rêvent d'avoir chacune cinq enfants. Pierre et Paul vont mieux, ils ont pu réussir une scolarité normale. Émilie est toujours vêtue de noir depuis la perte de son époux. Elle se rend souvent sur la tombe de celui-ci et sur celle de ses parents. Elle a l'impression que le vent du large lui apporte des murmures, des mots d'amour de son époux et ses larmes, en tombant, se mêlent au parfum entêtant des asphodèles.

Tu restes mon ami

Le grand-père de Thierry, un grand ami à moi, me demande de rencontrer son petit-fils, qui pose des problèmes importants de comportement à l'école et dans sa famille. Il a un lien privilégié avec lui. Il m'adresse un compte rendu pédagogique signalant son agressivité, son isolement et son refus d'apprendre qui mettent en échec tous ses enseignants. Récemment, il a été grossier et a insulté une ATSEM (agent territorial spécialisé des écoles maternelles) qui lui a tordu malencontreusement le poignet pour tenter de le séparer lors d'une empoignade avec un autre élève. À la maison, il est insupportable avec son frère cadet, dont il raille le bégaiement. Pendant les repas familiaux, il ne supporte pas les bruits de bouche de celui-ci et le traite de « cochon ».

Le père de Thierry est militaire, fils de sous-officier, et sa propre éducation a été marquée par la rigueur. Sa mère, fille de mon ami, est psychologue clinicienne. Toutes les tentatives de prise en charge ont échoué car l'enfant refusait, ou était agressif et « opposant ». Il est également régressif, présente une encoprésie[1]

1. Défécation prétendument involontaire ou délibérée dans des endroits non appropriés chez un enfant de 4 ans au moins.

et dit qu'il «continuera tant qu'on le conduit chez un psychothérapeute». La seule éclaircie dans ce tableau réside dans le fait que son grand-père, séparé de son épouse, le prend souvent chez lui le week-end et parfois en semaine, lors d'une exclusion scolaire. Son agressivité s'exerce également sur le vieux chien de son grand-père, alors que cet animal lui porte une grande affection. Il frappe le dos du vieux chien avec sa laisse et a même menacé de lui crever les yeux avec un couteau. Vous conviendrez que nul ne souhaiterait pareille rencontre et une prise en charge aussi difficile. Mais le grand-père était interne en médecine avec moi, dans une autre discipline, et cette vieille amitié impose d'assumer cette mission. D'entrée de jeu, j'ai deux avantages : je suis l'ami du grand-père et je consulte souvent avec mon chien, ce qui crée une similitude.

J'ouvre une parenthèse à propos de mon chien. Il y a quelques années, lors d'un séminaire dans un couvent, à Buccino, en Campanie, profitant d'un moment de liberté, je loue une voiture et pars sur la côte amalfitaine. Au retour, dans la nuit, je remarque une tache blanche dans un champ. J'étais perdu. Je passe outre et, en faisant demi-tour car la route est fermée, je remarque qu'un petit chiot mourant est à la merci d'un renard. Depuis toujours, ma compagne a tendance à dénicher les animaux blessés et à les soigner. C'est ainsi que j'ai adopté «Cino de Buccino» qui, depuis, consulte avec moi. Si, par bonheur, vous pouvez retrouver sur France Culture l'interview du grand psychanalyste Jean-Bertrand Pontalis à propos de son chien Oreste, vous verrez l'intérêt d'avoir un chien avec soi. Dès le début de ma carrière, j'avais commencé à exercer avec un chien qui m'accompagnait en unité de néonatalogie, ce qui était un drame pour le chef rigide du service de pédiatrie, d'autant que j'arrivais vêtu d'un short, en été !

Reprenons cette première rencontre où Cino m'assiste. Il m'aidera beaucoup, jouant un rôle d'objet transitionnel, un doudou animal, entre le psychiatre et l'enfant. Durant tout l'entretien, Thierry ne me parle pas mais susurre beaucoup dans l'oreille de Cino. Les pédopsychiatres vieillissants n'ayant plus l'acuité auditive du début de leur carrière, je laisse flotter mes pensées, inventant les propos de l'enfant que je crois saisir. Cette rêverie est souvent un état dans lequel se plongent les psychothérapeutes. Cela permet d'être dans une position plus agréable qu'un réel affrontement. Thierry n'est pas intéressé par moi, mais attiré par mon chien. Je vais être attentif à la présence de ce compagnon canin lors des consultations ultérieures.

Le grand-père, domicilié dans un département voisin, me conduit son petit-fils tous les quinze jours, le mercredi, à 16 heures, horaire choisi par le garçon. Je demande l'explication du choix de ce créneau horaire, et c'est la première fois que l'enfant m'adresse la parole : «Je suis né à 16 heures.» Pourquoi cette connaissance de l'heure, que nous gardons toutes et tous en mémoire, toute notre vie ? Le grand-père me précise que sa fille, la maman, a eu un accouchement difficile, imposant une surveillance accrue, du fait de signes de souffrance fœtale du bébé. Une césarienne a été pratiquée en catastrophe, le gynécologue n'était pas présent et le grand-père, chirurgien de son état, était terrorisé de devoir césariser sa propre fille. Heureusement, le gynécologue, un motard, arrivé rapidement au volant de sa Ducati, est passé au scalpel et, à 16 heures, l'enfant est né. Il était cyanosé, avec « une circulaire du cordon », mais très rapidement son score neurologique était au maximum, il n'a nécessité ni surveillance particulière ni mise en couveuse. Il est confié aux bras de sa maman et le grand-père est enfin soulagé. Cette urgence et la dramatisation de la naissance ont certainement joué dans l'organisation psychologique de Thierry. Puisqu'il a répondu à ma question, je lui demande s'il veut bien commencer une discussion nous réunissant, Cino, lui et moi. Le grand-père retrouve sans doute des moments passés à l'internat où nous mettions en scène des séances de psychothérapie avec nos condisciples. Il sourit en me regardant, comme au temps de nos vertes années. De manière étonnante, Thierry commence à se plaindre à Cino : « Tu sais, je suis très malheureux. » Je plonge dans le livre de Marcel Aymé, les *Contes du chat perché*, et décide de jouer aux animaux qui parlent. Comme un ventriloque, je vais répondre pour Cino qui, bien que très compétent, n'a jamais accédé au langage ! « On est malheureux quand on pense qu'on n'est pas aimé. » À cette hypothèse, Thierry répond : « Tu as bien trouvé, ma mère préfère mon frère, ce bêta. » Le moment est crucial et je sais que ce que je vais dire va engager ou rompre définitivement la prise en charge psychothérapique. J'hésite et je me lance, comme si Cino lui répondait. « La vraie question est : est-ce que tu t'aimes, toi ? » Thierry hésite puis applaudit le petit chien. Le psychiatre déglutit, l'enfant confirme et, après avoir acquiescé à cette question, me dit qu'il en a assez. Il va retrouver son grand-père qui, entre-temps, était retourné en salle d'attente. Avant de partir, celui-ci revient me voir pour parler de la séance précédente où nous n'avions rien fait, rien dit. Il me rapporte les progrès de son petit-fils, qui a émis le souhait de reprendre rendez-vous. Je m'autorise un clin d'œil à Cino, et je me drape dans le même silence lourd qu'utilisent les psychiatres lorsqu'ils ne savent pas quoi dire.

Quelque temps plus tard, Thierry me demande si je sais confectionner des avions en papier. Son père est pilote dans l'armée de l'air et Thierry rêve de l'accompagner dans son avion de chasse. Cette proposition me séduit d'autant plus qu'à l'âge de Thierry, j'avais fabriqué des centaines d'avions en papier que je m'amusais à lancer du troisième étage de notre appartement. (Tiens ! comme mon cabinet.) Je recouvrais l'avenue d'avions écrasés, après un vol saccadé. Je retrouve, sans effort, le pliage de ces engins volants. Thierry me dit : « Comme mon père, je vais voler. L'autre jour, j'étais tellement triste que je voulais sauter par la fenêtre pour voler une dernière fois. »

Le jeu se complique et Thierry lance un avion par la fenêtre de mon bureau. Je surveille sa chute car il risque de tomber dans le jardin du rez-de-chaussée de l'immeuble mais, par chance, il se redresse et termine son vol dans le caniveau, devant le magasin du primeur. Je descends le récupérer avec l'enfant et Cino. Le grand-père nous voit sortir du bureau et Thierry lui lance : « Chut, c'est un secret. » Nous remontons avec l'avion que je cache sur une étagère, derrière les dossiers des patients, pour le neutraliser et que personne ne le voie. Melanie Klein avait, dans son bureau, un tiroir fermé à clef où elle rangeait consciencieusement les jouets des enfants qu'elle suivait en psychothérapie.

À la séance suivante, les petits patients ouvraient ce tiroir pour retrouver leurs jouets. Je fais de même. Il déclare qu'il est content et qu'il préfère jouer plutôt que sauter par la fenêtre. Je lui assure que moi aussi.

La fois suivante, le père accompagne son fils pour la première fois. Il me raconte qu'il a épousé la mère de Thierry après une rencontre dans le service où il était hospitalisé, pour une grave dépression. On lui avait interdit de voler et, tous les soirs, il montait sur la crête d'une montagne noire avec l'intention de sauter. Son propre père s'était suicidé par défenestration. Tout cela, Thierry l'ignore mais le perçoit inconsciemment et l'a mis en scène en présence de Cino. Le père a toujours eu peur que Thierry éprouve une fragilité du fait des conditions difficiles de cette naissance, à 16 heures, alors que son deuxième fils, malgré son bégaiement, écarte chez lui le risque d'une hérédité redoutable par sa joie de vivre et sa gaieté. La mère fait ce qu'elle peut pour éviter à l'homme qu'elle aime une rechute dépressive mélancolique et une défenestration. Le père me confirme le plaisir de son fils de me rencontrer et me demande si Cino parle : « Oui, oui, crois-moi, et nous jouons en secret à ton métier. »

Tout s'est éclairci pour Thierry, qui est devenu gentil avec son frère. Il lui a même demandé de l'accompagner au théâtre où celui-ci s'exprime sur scène sans bégayer. Il s'apprête à me quitter et me dit : « Tu m'as demandé un jour si je m'aimais. Maintenant, je l'aime, lui. » Avec Cino, nous lui disons qu'il va bien et qu'il n'a plus besoin de venir nous voir.

À ce moment, il s'approche de Cino et lui dit : « Tu restes mon ami. »

Corps agressé, corps nié et corps retrouvé

Lise a été victime d'un viol à 15 ans. À la sortie du collège, empruntant un chemin de campagne, elle a été saisie à la gorge et entraînée à l'intérieur d'une cabane de chantier où elle a subi un viol collectif atroce. Elle s'est débattue, mais ses agresseurs étaient au nombre de quatre. Ses cris étaient couverts par la musique du transistor dont le son était à fond. Elle a subi l'assaut de la sexualité sauvage de ces mâles grossiers, déchaînés et abjects. Puis, ils l'ont jetée à l'extérieur et lui ont lancé ses vêtements au visage. Ils ont chanté des paroles incompréhensibles par elle, tout en buvant de la vodka à la régalade. Ils lui ont tendu la bouteille et elle leur a craché au visage. La brutalité ne s'est pas arrêtée là, ils l'ont giflée alors qu'elle était blessée, au sol, et en partant l'un d'entre eux lui a donné un coup de pied à l'abdomen. Puis ils ont mis le feu à la cabane pour effacer les traces de leurs méfaits. Elle a vomi, ses pleurs se mêlant au sang qui coulait de sa bouche. Avant cette agression, elle était vierge. Elle a regagné avec peine sa maison où ses parents et sa jeune sœur n'étaient pas encore rentrés. Elle est restée un long moment sous la douche avec ses vêtements en lambeaux – elle n'avait pas eu la force de se déshabiller –, tandis qu'un filet de sang continuait à couler dans la bonde. Elle a alors décidé de se tuer en se tailladant les artères radiales et humérales, et le sang de ses artères s'est mélangé au sang consécutif au viol et aux coups reçus. Elle s'est évanouie. Réveillée à l'hôpital, en service de soins intensifs, elle a survécu.

Un coma de huit jours s'était intercalé depuis ces horribles sévices de viol et sa tentative de suicide. Seule sa mère était à son chevet. À en juger par l'absence de son père, elle a compris qu'il lui en voulait. Elle a perçu que la victime est toujours coupable, et ne s'est pas confiée à la psychologue qui a assuré son suivi pendant l'hospitalisation. Elle a manifesté une intolérance absolue et une violente opposition à son père, ne supportant pas qu'il l'embrasse, la touche ou la frôle. Il pensait, à tort, que l'attitude de sa fille provenait de son caractère. Quant à elle, elle ressentait le dégoût, la sensation violente de ces corps brutaux qui, à tour de rôle, la pénétraient, l'envahissaient et la souillaient. Elle a fini par rendre visite à sa grand-mère. En tombant dans ses bras, elle lui a raconté la scène horrible de son agression. Merveilleuse de talent, celle-ci lui a dit : « Un amoureux te guérira en t'aidant à oublier. »

Depuis ce jour, Lise pensait qu'un contact physique avec un homme était inenvisageable. Sa grand-mère lui a révélé qu'elle avait été, elle aussi, agressée à son adolescence par un ouvrier travaillant chez ses parents, secret dont elle n'avait jamais parlé à personne. Toutes les deux s'aidaient mutuellement en se confiant l'une à l'autre. Je propose à Lise une rencontre avec sa grand-mère. Il faut d'abord contenir la rage, le désir de vengeance vis-à-vis de ces bandits, voleurs de sexualité et autres pirates de l'amour. Grâce à la verve et au talent de la grand-mère (je les vois l'une après l'autre), Lise finit par me parler de l'impossible à dire et de la révélation du viol subi par sa grand-mère. Nous décidons d'un secret partagé à trois. De manière très fine, prétextant des rendez-vous médicaux pour son diabète, la grand-mère ne venait qu'une fois sur trois, afin que Lise me consulte seule. Elle me téléphonait parfois pour me dire que le créneau serait pris par sa petite-fille, car elle-même était fatiguée et ne pouvait se déplacer. Les parents acceptaient cette tutelle affective et complice de l'aïeule pour sa petite-fille. Le père a souhaité me rencontrer, ce que j'ai refusé, dans un souci de confidentialité et du respect du secret que demandaient Lise et sa grand-mère. La distance géographique de quatre cents kilomètres a autorisé une longue prise en charge, entrecoupée d'arrêts. Toutes les vacances scolaires, Lise venait chez sa grand-mère dans le Sud et reprenait les séances.

Cinq ans de travail d'été passent. Un jeune Italien fait la cour à Lise. Elle est aussi blonde qu'il est brun. Il est souple, élégant. Il lui chante des chansons napolitaines, ils se baignent et elle le voit plonger avec son corps athlétique, puis bronzer sur le sable, au soleil, son dos ruisselant, comme le décrit Camus dans ses livres où il vante la Méditerranée. Le premier baiser a été pour Lise le véritable médicament que nous attendions tous les trois. Dans la salle d'attente, elle me répète plusieurs fois : « Il m'a embrassée, je l'ai embrassé. » L'échange amoureux contre l'abus violent est enfin arrivé. Je lui fais part de l'arrêt des séances pour éviter de solliciter son souvenir traumatique. Elle accepte en souriant. Comme mon maître Arthur Tatossian me l'a appris, je lui écris de temps en temps pour avoir de ses nouvelles et, parfois, une réponse. Le bel Italien décide d'effectuer un stage d'un an en France, dans le cadre des échanges Erasmus. Il s'installe avec Lise dans un studio et une belle histoire d'amour les unit. Mais il repart l'année suivante et la relation s'arrête. Elle m'écrit alors que c'est préférable ainsi, il lui avait permis une transition entre le viol et l'amour à venir.

Lise a suivi un parcours d'études en sciences politiques puis obtenu une bourse pour l'université de Harvard. Un de ses collègues, d'origine italienne (encore), l'épousera après trois ans de vie commune. Elle m'informera lui avoir raconté son agression dès son premier rendez-vous. Je l'ai revue avec son époux et leur petite fille, lors de l'enterrement de sa grand-mère, notre co-thérapeute, dont la perte m'affecta beaucoup. J'avais perdu une amie complice et utile pour le mieux-être de sa petite-fille.

Les années s'écoulent et Lise me contacte un jour pour un entretien avec sa fille, désormais âgée de 13 ans. Elle présente un amaigrissement important, des idées sombres. Elle me dit : « Je fais ma grand-mère alors que je suis sa mère. » Cette jeune fille fait partie des adolescents et adolescentes dont je m'occupe depuis toujours. Elle présente les signes d'une anorexie mentale. Le père est présent, chaleureux, mais redouté par la jeune fille, comme si son corps masculin était agressif et dangereux pour elle (ce qui est souvent le cas, car un vécu incestuel est parfois imaginé par les anorexiques à cause de leur refus de féminité). La mère, mon ancienne patiente, est manipulée par sa fille, et c'est tant mieux. Je lui explique que, tant que ces manipulations sont présentes, la dimension mélancolique la poussant au suicide pour éliminer la maladie est atténuée. Les anorexiques tuent la maladie qui les maîtrise. Il faut hospitaliser l'adolescente et lui placer une sonde pour éviter une hospitalisation de longue durée. Elle refuse, pleure, mais les parents soutiennent ma proposition. L'adolescente finit par venir dans le service. Depuis toujours, je ne sépare pas les patients et leurs parents et fais en sorte que leur scolarité, souvent excellente (pour masquer leur refus alimentaire), soit poursuivie. Compte tenu de la distance de leur lieu d'habitation, les parents alternent leur venue. Lise me pose la question à laquelle je m'attendais : « Croyez-vous qu'il faut que je lui parle de ce qui m'est arrivé et pour lequel vous m'avez tant aidée, avec ma grand-mère ? » Souvent, quand on ne sait pas, on répond à une question par une question ; ne dérogeant pas à ce constat, je lui demande : « Êtes-vous prête ? » J'ajoute : « Votre grand-mère me manque car elle m'aurait aidé dans cette discussion. » Je pensais que tout était terminé mais, à son tour, la jeune fille tient à me voir. Elle me pose cette question : « Dans ma famille, les corps sont bien difficiles à supporter. Savez-vous pourquoi ? » J'ai l'impression de le savoir, mais je lui demande d'en parler à sa mère et son père. C'est d'ailleurs celui-ci qui lui confiera le secret du viol. La jeune fille me déclare : « Il faut que je guérisse, je ne peux pas faire ça à ma mère. » De façon magique, son état s'améliore, elle grossit, sourit, ses règles réapparaissent. Elle peut donc sortir du service. Lise m'a écrit tout récemment et m'apprend que sa fille va suivre, comme elle, des études de sciences politiques. Elle est amoureuse et me fait un merveilleux cadeau en m'offrant une photo de cette grand-mère psychothérapeute où celle-ci me fait un clin d'œil.

Même d'outre-tombe, madame, vous nous avez été fort utile.

Ninna nanna

Citadelle de Calvi, chez Tao. Mon ami Taobi, camarade d'exposé d'un jour, m'accompagne au piano pour une conférence organisée par Festiventu, sur la thématique « On est de son enfance comme d'une chanson ». Les chansons, que l'on considère, parfois à tort avec un certain mépris, comme des chansonnettes, marquent et jalonnent notre existence. On sait que cela commence très tôt, plus tôt que vous ne le pensez, durant notre vie intra-utérine. Les expérimentations ont montré qu'il existe déjà un souvenir musical et mélodique à partir de cette période. Comment ? Si l'on pratique un audiogramme sur un nouveau-né dès sa naissance, et que la maman surtout, mais aussi le père et les grands-parents, reprennent une chanson fredonnée pendant la grossesse, on constate de façon surprenante que le bébé, accompagné par cette berceuse durant la gestation, réagit de façon très significative en entendant la musique. Sur son tracé auditif, cela apparaît de façon plus caractéristique que sur celui d'un nourrisson qui n'a pas entendu cette chanson antérieurement. Le hit-parade affectif mélodique commence dès le sixième mois de la vie intra-utérine

aquatique, baignés que nous sommes par l'amour, la sonorité, la sensibilité pour passer à notre vie aérienne où la mélodie, le souffle et le bruit du vent nous accompagnent.

Je me trouve précisément à la fête du vent ! Les cerfs-volants occupent la plage de Calvi mais nous, les gens de la citadelle, ne participons pas aux jeux des gens de la marine, comme pour les combats du passé entre les enfants de la ville haute et ceux de la ville basse.

J'aborde la question des berceuses qui endorment les enfants. Je demande à Tao de nous en chanter une en s'accompagnant au piano : une « Ninna nanna ». La salle, dans la maison des évêques de Sagone, est comble et le public chantonne alors une berceuse traditionnelle corse, sur une mélopée un peu orientale. Au premier rang, se trouvent une jeune femme enceinte (de six mois environ) et sa mère, la future mamou, qui toutes deux chantonnent. Je suis surpris et troublé de voir que la jeune femme éclate en sanglots dans les bras de sa maman. À la fin de l'exposé, je vais vers elles en demandant si je peux les aider, car peut-être les ai-je gênées, blessées par l'évocation de la berceuse ? Elles me remercient et m'accompagnent sur la terrasse pour discuter. La jeune femme me révèle les faits suivants : au troisième mois de sa grossesse, lors de l'échographie, on a découvert le sexe du futur bébé, une petite fille, et plus tard l'existence d'un bec-de-lièvre. Les parents ont, paraît-il, longuement hésité à maintenir cette grossesse. Finalement, leur désir parental l'a emporté et la grossesse s'est poursuivie. Une culpabilité importante est présente chez la future

maman : « Est-ce qu'elle m'en voudra plus tard ? » Cette culpabilité, me semble-t-il, est liée à son idée première d'interruption thérapeutique de grossesse, mais également aux éventuelles séquelles esthétiques de cette anomalie labiale. D'ailleurs, la jeune femme ajoute : « En plus, c'est une fille », ce qui confirme mon interprétation. Je lui parle des immenses progrès de la chirurgie infantile, car désormais on opère dans les vingt-quatre heures suivant la naissance. Dans les formes simples, sans palais ogival ni complications massives au niveau des malformations, l'enfant portera un pansement quelque temps puis tout rentrera dans l'ordre. Cela rassure beaucoup les deux femmes, d'autant que leur médecin de famille, confrère de Calenzana, les a déjà informées de cette procédure.

La petite fille est née trois mois plus tard. L'accouchement a été facile, tout comme l'intervention effectuée aussitôt après la naissance. La jeune mère n'a pas vu la malformation car le bébé ne lui a été présenté que vingt-quatre heures plus tard. Elle me demande : « Vous croyez que c'est grave de ne pas l'avoir vue tout de suite ? » J'éclate de rire et la grand-mère ajoute : « Elle est quand même un peu pénible, cette nouvelle maman. » Six mois plus tard, lors d'une promenade, je croise cette famille et son bébé. L'intervention a été réussie et la cicatrice, extrêmement atténuée, finira par disparaître complètement.

Les années passent et, cette fois-ci, je rencontre, dans la rue, Lisa Nora, la petite fille, qui me reconnaît et qui me dit : « Je dormais pas bien, je voulais toujours dormir avec mes parents. Comme ils en avaient marre, ils m'ont envoyée dormir chez mamou,

une fois par semaine. Elle m'a raconté ce que tu as dit, quand j'étais dans le ventre de ma maman : tu as demandé qu'on me chante la "Ninna nanna". C'est celle que je préfère mais je savais pas que je l'avais déjà entendue quand j'étais dans son ventre. Alors, maintenant, mamou, papa et maman me la chantent, et je dors dans mon lit. »

Tu as grandi, Lisa Nora, et je suis certain que tu chanteras cette chanson, à ton tour, à ta propre fille.

Vendetta et virtuel

Restons à la citadelle de Calvi, pour l'histoire de Jean. Il a été élevé par deux femmes après la disparition tragique de son père, victime d'un règlement de comptes, qui pèse et pèsera toujours sur ses épaules. Sa meilleure amie est la fille du commanditaire. Michel, le père de Jean, avait fait son apprentissage dans le milieu marseillais, celui des boîtes de nuit et de divers trafics illégaux. Revenu sur son île natale, il avait organisé un réseau qui en concurrençait un autre, plus anciennement implanté. Après avoir échappé à une première fusillade, il périt dans un attentat, à l'entrée de Calvi. Jean, âgé de 6 ans au moment du drame, était fils unique. Sa mère, Annonciade, est restée à jamais « la veuve de Michel ». Elle tient encore une petite épicerie, au cœur de la cité. Mais c'est Gracieuse, sa grand-mère paternelle, qui remplace son fils pour l'autorité paternelle. C'est un personnage hors norme, qui tient un cabaret dans la cité calvaise, et on comprend mieux la trajectoire de son fils.

Quand je rencontre Jean, comme c'est souvent le cas s'agissant d'enfants endeuillés par la perte brutale d'un de leurs parents, les questions qui me sont posées par la famille relèvent du même registre : Doit-il venir à l'enterrement ? Comment lui parler des circonstances de cette mort tragique ? A-t-il besoin d'un suivi ?

Il est en CP. Il est rondouillard, comme l'était d'ailleurs son père. On lui a raconté que ce dernier était en voyage, mais le temps presse pour lui dire la vérité car les morts sont enterrés très rapidement en Corse. Je conseille de lever le secret. Jean accompagne son père dans sa dernière demeure. « Pourquoi est-il mort ? » Les journaux, la radio et la télévision ont diffusé cette nouvelle et ses camarades lui annoncent : « On a tué ton père. » On ignore alors que le réseau ennemi, responsable de cet assassinat, était celui du père de Laura, une fille de son âge avec laquelle il entretient une relation fraternelle. Auparavant, leurs deux pères étaient très proches.

Comme son père, Jean traîne beaucoup sur le plan scolaire. À l'aise très tôt avec les outils informatiques, il manifeste de l'intérêt pour son téléphone portable (celui de son père ayant été réquisitionné pour l'enquête), les jeux vidéo et Internet, au détriment des apprentissages scolaires pour lesquels les difficultés s'accentuent. Son surpoids s'aggrave. Lors d'une de nos rencontres, il me dit : « Comme je suis malheureux, je mange. » À noter que toute la lignée paternelle présente une surcharge pondérale génétique. En grossissant, il reste fidèle à l'identification de son père disparu. À l'école, il est l'objet de moqueries, se bat beaucoup, se montre particulièrement violent lors des conflits avec ses camarades. Il est néanmoins plus serein en cours de récréation, lorsqu'il joue avec Laura.

Au fur et à mesure qu'il grandit, il recherche sur la Toile des éléments et des faits susceptibles d'expliquer et d'éclairer les conditions de l'assassinat de son père. À son tour, le père de son amie est assassiné. Laura et Jean, alors âgés de 15 ans, apprennent par l'enquête la rivalité des clans pour les trafics illégaux. La révélation est terrible pour eux. Les familles survivantes, réunies par le deuil, étaient séparées par le drame. Les deux adolescents ne peuvent plus être amis, or c'était la seule relation amicale dont bénéficiait Jean. Il a abandonné toute idée de vengeance, car il lui est impossible de se venger de la famille de son amie, bien que cette idée lui ait été insufflée par Gracieuse, sa grand-mère. Il continue de grossir. Lorsqu'il atteint un stade d'obésité morbide, je décide de l'hospitaliser sur le continent, dans une unité spécialisée, où il se trouve avec des adolescents et adolescentes en surpoids comme lui. C'est très nouveau pour lui d'avoir d'autres amis que Laura.

Cette structure lui donne le désir de s'éloigner de son île natale, et il est décidé d'un internat, avec l'accord de sa mère et surtout de sa grand-mère, pour la poursuite des soins et la relance de sa scolarité. Il maigrit légèrement, tout en restant malgré tout enveloppé. Mais surtout, il s'investit dans ses études et brille en informatique, ce qui lui permet une orientation vers une formation dans cette discipline. Sur les réseaux sociaux, Jean et Laura ont repris un lien. Ils ne peuvent plus se voir mais communiquent et se donnent même rendez-vous sur FaceTime, sans éprouver le sentiment de trahir leurs familles respectives. Il apprend qu'elle est amoureuse d'un garçon plus âgé. Il nous demande : « Comment pleurer en virtuel ? » Car, bien entendu, Laura est l'amour tragique de sa vie.

Il recherche alors une âme sœur sur la Toile. Il se met en scène à son avantage avec un physique mince et svelte, et un parcours scolaire excellent. Petite note d'exotisme et de réalité, il poste des chants corses en s'accompagnant de sa guitare, tout cela avec talent. Grâce à son avatar, il reçoit une multitude de contacts mais une demande attire particulièrement son attention : une jeune fille lui a signifié qu'elle adorait ses chansons et en réclamait d'autres. Elle est très jolie, fille de vignerons de Bourgogne, tout pour plaire à Jean qui abuse parfois du breuvage de Dionysos, surtout dans le cabaret de sa grand-mère. Comment passer de l'image proposée du virtuel à l'image réelle de sa représentation ? Sa jeune correspondante lui demande une rencontre et, empressée, décide de lui rendre visite à Calvi où il est retourné.

Jean est perdu, mais sa grand-mère va l'aider et lui proposer un studio qu'elle possède, aux murs tapissés de toile rouge et recouverts de miroirs. C'était jadis sa cachette d'amour. Sacrée grand-mère ! Il demande à Laura de venir le soutenir pour ce premier rendez-vous et, à sa grand-mère, d'accueillir à sa place son invitée à l'aéroport. Tout est prêt. Laura réceptionne la visiteuse au bas de l'immeuble et la conduit à l'étage jusqu'à Jean, qui est masqué d'une cagoule, non pas pour la pandémie, mais parce que cela se porte souvent en Corse ! Il chante alors divinement, les volets claquent, on entend un bruit de cavalcade dans l'escalier, il est pris à bras-le-corps et soulevé de manière solide et puissante. Cagoule arrachée, il sent un baiser fougueux l'envahir. À sa grande surprise, sa dulcinée, elle aussi en surpoids, avait également fabriqué un avatar à son avantage.

Ils s'aiment et vont s'unir. Il est devenu le parrain de la fille de Laura qui, à son tour, sera la marraine du fils de Jean et de la « Bourguignonne », comme il la surnomme. Les deux familles sont ainsi réunies, le meurtre et les deuils atténués. La grand-mère leur fera don du studio où le couple se rend de temps en temps pour revivre le plaisir de leur première rencontre.

Jean chante le soir, dans le piano-bar de sa grand-mère, avec son fils, prénommé Michel en mémoire du grand-père, rondouillard comme lui.

Les frères congelés

« Je déteste les relations physiques, je ne serre jamais les mains tendues, je n'ai jamais supporté les caresses, notamment celles de ma mère à cause de ce qu'elle a fait. » Notre entretien débute tambour battant ! Je suis en présence d'une femme de 45 ans, vêtue sobrement, en camaïeu de gris, cheveux courts, grisonnants, d'une stature massive et peut-être même masculine. Elle poursuit : « Je vis seule avec mes deux garçons que je vous amènerai après ce premier entretien. Je veux vous parler des conditions de leur naissance. Ils ont 5 et 3 ans, mais ont été fabriqués en même temps. » Fabriqués ? Elle précise qu'elle a acheté deux embryons issus de la même fécondation. Après sa grossesse par implantation du premier garçon, dont elle avait choisi le sexe, elle a décidé d'enchaîner une deuxième grossesse avec le frère biologique de son aîné. Ces deux enfants sont nés d'une fécondation *in vitro*, de deux embryons « fabriqués », selon ses propos. La mère les a portés, à deux années d'intervalle, le cadet restant congelé dans l'attente de son implantation dans l'utérus de sa mère.

Il ne s'agit pas d'une mère d'accueil comme pour les autres enfants que j'ai pu rencontrer, nés de couples d'homosexuels ayant acheté un ovocyte et loué un utérus, l'ovocyte étant fécondé par l'un des deux garçons du couple. Elle annonce tranquillement qu'elle ne souhaitait pas avoir de relations sexuelles, car « ces pratiques » ont quelque chose de décevant pour elle, d'autant qu'elle répugne aux contacts physiques. Pourquoi ce refus de caresses ? À cause de sa mère ?

À nouveau sans aucune réticence, elle me précise qu'elle est née d'une relation adultérine de sa mère, qui lui a révélé ce secret quand elle avait 6 ans, à la disparition de son père civil. « Ta tristesse est superflue, car ce n'était pas ton père », lui avait dit sa mère, avant de lui désigner son père biologique, qui n'était autre que le parrain de la fillette. À partir de ce moment, la petite n'avait plus adressé la parole à ce dernier, avait refusé tout baiser et ne lui avait plus serré la main, même lors des funérailles de son père civil. Bonne élève, pratiquant le judo à un niveau régional, elle refusait de combattre au sol à cause des contacts cutanés obligés lors des techniques d'immobilisation. Elle a passé le concours des PTT et dirige une agence postale dans sa ville de résidence. Elle n'a ni amies ni amis. Fille unique, elle supporte bien son isolement, elle a longtemps redouté que sa mère n'ait un deuxième enfant de son amant. Le souvenir de son père, extrêmement ténu puisqu'elle n'avait que 6 ans à sa mort, est celui d'un homme d'une grande pudeur auquel elle s'identifie pour ses qualités.

Des psychologues lui ont conseillé de révéler à ses enfants leurs conditions de naissance. C'est en raison de ses hésitations à ce sujet qu'elle vient me consulter. Ses questions sont précises, apparemment dénuées de toute tonalité affective : « À quel âge ? Ensemble ? Séparément ? Quelles conséquences cette révélation entraînera-t-elle sur nos relations et sur le fonctionnement entre les deux frères ? » Elle ajoute que l'aîné, le premier des congelés, est très jaloux de son petit frère qui est plus à l'aise, plus séducteur et plus bavard.

Ces questions sont complexes, et la rencontre des deux garçons s'impose pour mieux évaluer la situation. Les deux frères ont un parfait développement. Ils se ressemblent beaucoup, sont habillés de la même façon, avec des vêtements de couleur grise, comme leur mère. Le cadet porte cependant de manière plus naturelle le blazer très bien taillé. C'est lui qui prend la parole en premier. Il me questionne : « Tu as un frère ? » Je lui réponds par la négative, que je suis enfant unique, comme leur maman. L'aîné se joint à la discussion et me dit : « Tu as bien de la chance. » Ils veulent dessiner, chacun dans son coin. Le plus grand est heureux de me montrer ses performances, supérieures à celles de son frère, mais tous les deux, de façon singulière, représentent sur leur dessin un clocher avec une horloge affichant la même heure. « Six heures », dit le plus grand. « Six aussi », dit le plus jeune. Cela m'aide à poursuivre la discussion.

Je relève : « Tiens, vous mettez la même heure sur vos deux clochers.

— Oui, dit le plus grand, on fait souvent tout en même temps, il me copie et ça m'énerve. »

Le petit lui rétorque : « Je fais comme toi car tu es le plus grand et que je veux devenir grand comme toi. »

Avec le même tempo, ils dessinent l'horloge et soulignent les horaires affichés. Par ce dessin, les deux enfants retrouvent la notion de temps. Mais il y a eu un décalage entre les deux grossesses de la mère.

« Tu sais, on n'a pas de papa, et on n'a qu'une maman. »

Ce à quoi, je réplique : « Pourtant, la graine est apportée par le père.

— C'est obligé, maman nous l'a dit, mais elle a pas expliqué pourquoi. »

Le discours de l'aîné témoigne d'une parfaite analyse, approuvée par un hochement de tête du plus jeune.

Nous allons faire plus ample connaissance au cours des mois suivants. L'aîné tire des bénéfices de ces séances, il se montre plus à l'aise. La mère confirme l'amélioration des relations fraternelles. À la suite d'une punition infligée à l'un de ses fils, elle me pose des questions pour savoir comment révéler les circonstances de la conception de ses enfants. Je lui parle de notre premier entretien, des dessins et des progrès que ceux-ci avaient réalisés, des informations qu'elle leur avait déjà données, et ajoute qu'elle n'était pas obligée d'aller plus loin au niveau de la paternité et des graines. Mais elle se propose de leur parler des conditions de leur naissance en ma présence. J'hésite à entrer dans cette intimité familiale, comme témoin de cette révélation. Elle décide et, tout de go, annonce aux enfants qu'ils sont nés de deux graines et qu'ils sont frères de la même maman et du même papa. Elle les a portés en elle, dans son ventre, mais pour les deux fécondations *in vitro*, ils ont été conçus en même temps. Elle leur explique ensuite en quoi consiste la FIV.

Les deux frères déclarent : « On ne comprend rien », ce que je concède.

« C'est dit, me lance-t-elle. Merci de votre aide. »

Les garçons me donneront de leurs nouvelles à la consultation suivante. Après les vacances, la mère m'informera que l'aîné est entré en CP, et le cadet est en moyenne section de maternelle.

Deux dessins me seront adressés avec deux horloges colossales comportant des bras et des jambes gigantesques. Le plus grand a inscrit : « Je suis le plus grand mais mon frère existait déjà. » Le cadet demandera qu'on lui écrive son commentaire : « Je comprends toujours pas, mais je sais que tu es mon frère. » J'ai gardé ces deux horloges dessinées par ces enfants pour les remettre peut-être à l'heure, un jour !

Mon père, c'est toi

Souvent, les liens affectifs suppléent à l'absence physique d'un père biologique et, heureusement, ils sont parfois plus importants dans la construction de l'identité. Il reste le poids du secret de cet homme, sa présence mystérieuse, son ombre menaçante, très active dans l'inconscient de l'enfant qui ne l'a pas connu.

Adèle est psychologue. Pendant sa formation, elle a rencontré Édouard, hospitalisé dans le service de psychiatrie où elle est stagiaire. Comme souvent, au mépris des risques, on lui a confié la prise en charge de ce patient de quelques années son aîné. Il présente un important trouble de l'humeur et oscille entre des excès de toute-puissance, avec une sensation de domination du monde, et des effondrements psychologiques parsemés de tentatives de suicide très graves, notamment la dernière, par pendaison. Mais par chance, la corde a cédé. Édouard se confie à la stagiaire psychologue, alors qu'il ne dit rien aux autres membres du personnel. Pourquoi ? Sans doute a-t-il perçu chez Adèle une fragilité qui pourrait devenir une disponibilité ?

Lors des réunions de supervision, le psychiatre de l'unité la met en garde, à juste titre, lui expliquant toutes les manœuvres de manipulation et de séduction de ce type de patient. Comme toujours, en début de carrière, on croit qu'on peut car on ne sait pas. Elle résiste à tout ce qui pouvait apporter de l'eau au moulin de son superviseur. La suite de l'histoire est épouvantable.

Édouard lui raconte son enfance dévastée, avec une mère alcoolique et un père à qui il ressemble fortement, qui s'est pendu le jour anniversaire de ses 6 ans. En allant chercher son vélo au garage, le petit garçon avait trouvé son père accroché dans une mise en scène morbide, à la lueur d'un cierge chancelant qu'il avait allumé. Attrapant le bout de la corde, le petit garçon avait fait tourner son père tout autour, puis lui avait ôté ses chaussures, avait tiré sur ses pieds dénudés, et enfin soufflé la flamme du cierge pour ne plus voir ce spectacle. Sa grand-mère paternelle lui avait appris, le jour des obsèques, que son grand-père s'était également pendu. Dans les années qui suivirent, Édouard n'a manifesté aucune tristesse mais il évoque, un jour, le ressentiment qu'il éprouva à l'âge de son père. Un psychiatre, consulté à l'époque, avait interprété cette attitude comme positive car les survivants des suicides fonctionnent longtemps avec une grande culpabilité, jusqu'au jour où ils en veulent à celui ou celle qui les a abandonnés et endeuillés.

Adèle est naturellement bouleversée par le récit. Édouard avoue que, lorsqu'il a tenté de se pendre, une de ses dernières visions était celle d'un enfant qui entrait, comme lui, dans un garage et allumait un cierge. La stagiaire psychologue pense que la verbalisation de ce récit peut contribuer à améliorer l'état du patient, qui parle de l'envahissement permanent de sombres pensées. « Mes idées sont de plus en plus noires », lui confie-t-il. Elle est persuadée que les rencontres multi-hebdomadaires l'aideront. Mais la prise de cocaïne au sein de l'unité, qu'il avait en outre distribuée à un autre patient extrêmement fragile et qui s'était mis à délirer, a conduit à son exclusion. Avant de quitter le service, Édouard la supplie de lui donner son numéro de téléphone « pour que je ne me tue pas », lui dit-il. Non seulement elle accepte, mais elle le rencontre à plusieurs reprises à l'extérieur, en dehors du cadre de soins. Il l'invite à dîner dans un restaurant du quartier du Vieux-Port, à Marseille. Elle boit un peu trop, le raccompagne chez lui et le couple a une relation sexuelle ce soir-là. Au petit matin, elle s'enfuit, puis ne lui répond plus au téléphone. Il s'est pendu dans les jours qui ont suivi. Horriblement désemparée, elle est très bien soutenue par le psychiatre du service. Mais son désarroi s'accroît. Quelque temps plus tard, elle découvre qu'elle est enceinte de cette unique relation d'un soir avec le patient. Elle ne peut pas envisager une IVG, empêchée par sa culpabilité. Un petit garçon naît, qui est accueilli par le compagnon avec lequel elle vit, un guitariste charmant qui était au courant de la situation. Il lui a d'ailleurs répondu : « J'ai compris, je serai le père de cet enfant. »

Telle est l'origine de Jérôme, que je rencontre avec ses parents. Il sait que son père n'est pas son père biologique. Le motif de la consultation est l'existence de violentes altercations entre sa mère et lui. Il n'est pas au courant des conditions du décès de son père biologique, mais récemment la grand-mère paternelle, qui est au courant du mode de décès de son fils, a engagé des démarches juridiques pour bénéficier d'un droit de visite et d'hébergement le concernant. La consommation de haschich, plus que festive, de ce jeune homme trouble sa mère, et l'évocation de pensées suicidaires et la répétition d'une hérédité pathologique l'inquiètent.

Le contact est bon et facile avec Jérôme, même s'il ne comprend pas la démarche de la grand-mère paternelle, surtout après tant d'années, et en paraît gêné. De plus, il a de parfaites relations affectives avec les beaux-parents de sa mère, qu'il considère comme ses grands-parents. Durant notre entretien, il se plaint des craintes qu'il perçoit chez sa mère. « Elle me croit fragile et me demande d'aller parler, car elle trouve que je n'ai pas confiance en moi. » Comme tous les consommateurs de produits illicites, il met en avant le côté festif de cette prise fréquente et dit qu'il s'en sortira, qu'il est content de me rencontrer car il veut faire des études de psychologie. Sa mère y est plutôt favorable, même si elle-même n'exerce plus ce métier. En effet, elle s'occupe de la gestion d'un restaurant et propose des animations musicales le soir, mises en place avec son mari. Le beau-père et Jérôme ont monté un petit groupe de musiciens et il lui arrive parfois de jouer dans l'établissement de ses parents.

Comment lui raconter son histoire de manière préventive avant la rencontre avec sa grand-mère paternelle ? Le beau-père se propose de lui en parler, mais la mère souhaite ma présence et préfère ne pas assister à cette entrevue. Il commence son discours en évoquant l'immense affection qu'il lui porte. Il lui parle également de sa stérilité (il présente une azoospermie[1]) et aura cette belle formule : « Si j'avais pu avoir un enfant, j'aurais aimé qu'il te ressemble, qu'il soit comme toi. » L'adolescent, très ému, lui réplique : « Mais mon père, c'est toi. »

Jérôme rencontrera une fois sa grand-mère, très dégradée par l'alcoolisme chronique qu'elle présente. Elle balbutiera : « Qu'est-ce que tu lui ressembles ! » Il me rapportera que, intérieurement, il pensait qu'elle se trompait : « Je ressemble à mon père car, comme lui, je joue de la guitare ».

Les conflits ont complètement cessé avec les révélations sur son origine.

1. Absence de spermatozoïdes dans le sperme.

« Le Lac des cygnes »

Je suis frappé par la grâce et le port de tête de cette préadolescente. À la fin du primaire, les transformations pubertaires peuvent être disgracieuses : la redoutable acné, l'apparition des seins ou celle, très importante, des glandes mammaires chez les filles, la mue chez les garçons, sans compter les décalages et disproportions de mensurations. Bien au contraire, Claude entrait dans l'adolescence avec une grande beauté. Ses deux parents, qui sont présents, semblent approuver mon appréciation. Coup de tonnerre dans mon bureau : Claude est un garçon ! Iel est en CM2. C'est à l'âge du CP, à 6 ans, qu'iel a voulu s'habiller en fille, n'a voulu nouer de relations qu'avec des amies et a renoncé au judo, sport qu'iel pratiquait antérieurement, au profit de la danse. Ces manifestations transgenres sont apparues dès l'âge de 3 ans et ses parents, bien que tolérants, ont été étonnés par ses choix de jouets. Le temps est heureusement venu où l'on ne s'offusque pas qu'un garçon choisisse de jouer à la poupée, de coiffer My Little Pony, ni qu'une fille joue avec un camion, une voiture de pompier… Cependant, cette différenciation se remarque davantage lors des récréations, avec les jeux de ballon ou de course pour les garçons tandis que les filles discutent, en petit groupe d'amies ou avec les enseignants.

En maternelle, Claude était très apprécié·e par les petites filles de son âge. Mais, le tableau s'étant compliqué, une psychologue a été consultée et des tests psychologiques pour une suspicion de précocité ont été effectués. C'est au cours de ce bilan que le mot « transgenre » est apparu dans la vie de Claude et celle de ses parents. À une autre époque, pour ces patients, on aurait pensé à une organisation vers une homosexualité à l'adolescence. Mais, dans ce cas précis, les protocoles cliniques allaient dans le sens d'une identité sexuelle différente et il a été décidé d'accompagner ce jeune garçon. La mère a immédiatement soutenu son enfant et décidé de le présenter comme « sa fille ». Elle impose à son aînée, âgée de quatre ans de plus que Claude, de faire de même. De manière paradoxale, celle-ci adopte une vêture intersexe, ne met plus de robe, porte les cheveux courts et continuera la pratique du karaté, son sport de combat préféré. Le père marche dans les pas de son épouse, terrifié qu'il est par l'homosexualité de son propre frère – un secret familial enfoui dans les périodes noires de l'homophobie détestable d'antan.

L'entretien avec l'enfant permet de constater sa facilité d'expression, et ma gêne pour le choix entre le pronom « il » ou « elle ». Si l'on se montre rigide sur le « il », l'enfant risque de le percevoir comme une forme d'hostilité dans notre approche et l'appréhension de sa situation. Iel est intelligent·e et très déterminé·e sur le fait d'être une fille. Iel abhorre ses organes génitaux et me confie qu'iel a parfois envisagé de s'amputer de son sexe. Iel redoute la puberté, la pilosité, la pomme d'Adam, la mue, la masse musculaire, la croissance de ses organes génitaux. Très vite, iel s'entretient avec moi des traitements hormonaux « freinateurs » de la puberté, autorisés dans certains pays alors qu'ils nécessitent un protocole particulier en France. Des rencontres avec un représentant judiciaire régional, un psychiatre et un groupe d'experts sont organisées. Le sujet est parfaitement connu par l'enfant, qui sait également que l'avis favorable d'un psychiatre peut l'aider. Donc iel est apparemment « compliant·e » et agréable en entretien. Les parents sont d'accord pour le suivi de leur enfant. Loin de moi l'idée d'une typologie[1] des parents dont les enfants présentent une problématique de type transgenre. Si cette histoire découle d'éléments particuliers de la vie des parents, je n'ai pas d'avis à généraliser, car c'est l'histoire de Claude que je veux vous faire connaître. On commence une série de rencontres exploratoires et bienveillantes avec l'enfant, et petit à petit surgit l'histoire familiale. Encore une fois ces éléments ne sont pas systématiquement retrouvés.

La grand-mère paternelle était danseuse étoile à l'Opéra de Paris et tous les membres de la famille possèdent des photos de ses galas. Le père a un frère cadet, décrit comme irresponsable, capable de s'arrêter de travailler pendant une année, malgré un poste

1. Science de l'élaboration des types, facilitant l'analyse d'une réalité complexe et la classification.

de responsable commercial dans un grand groupe de luxe et de mode. L'homosexualité de ce dernier avait été très mal supportée par ses parents et les deux frères n'ont plus de relations. Le père de Claude est militaire dans la Légion, comme l'était son propre père. Il avait essayé de convaincre son frère d'abandonner son mode de vie mais les moqueries qu'il lui faisait subir, « Tu n'es qu'un hétérosexuel banal », avaient abouti à un affrontement physique et scellé la rupture des liens fraternels. Il précise immédiatement : « Mon fils n'a rien de semblable à mon frère. »

Revenons-en à Claude et à sa désignation, que je voudrais éviter mais l'accord des adjectifs en français la fait constamment apparaître. Claude refuse les cours d'éducation physique car il lui est impossible de montrer son corps, son sexe. Pour se rendre aux toilettes, iel avait obtenu la permission d'utiliser celles des enseignants et du personnel de l'école primaire. Claude a eu le très grand courage, malgré un premier refus du personnel enseignant, de parler de sa problématique à toute la classe. Certains garçons ont manifesté quelques rires idiots, mais une fille est venue lui prendre la main et l'a embrassé tendrement. Iel me pose une question embarrassante : « Pourquoi, comme ma copine, je n'ai pas un amoureux ? » Je lui explique qu'à cet âge, nous passons toutes et tous par une période d'ambiguïté sexuelle, d'homosexualité non agie (en témoigne l'importance de notre meilleur ami ou meilleure amie) et que nous vivons cette crainte du choix de l'homosexualité agie. Cela est difficile pour tout le monde et l'homosexualité ressentie fait peur aux garçons comme aux filles. De nos jours, cela va mieux car la libération sexuelle facilite les orientations, toutes respectables. Lors d'une des séances, la mère m'avoue sa bisexualité : « J'ai vécu une histoire d'amour avec une amie pendant deux ans, avant de rencontrer le père de mes enfants. Je comprends la bisexualité pour l'avoir vécue et je souhaite que Claude vive une belle ouverture personnelle, différente de l'hétérosexualité banale » (elle reprenait le discours de son beau-frère). Le recueil des données était riche. La grand-mère, la danseuse étoile, avait dû suspendre sa carrière en raison de sa deuxième grossesse (l'oncle paternel de Claude). L'homosexualité de ce dernier était d'autant plus mal vécue qu'on le rendait également responsable de l'arrêt du parcours professionnel de sa mère. Sans parler de la mère de Claude, bisexuelle, ou de sa sœur aînée, qui est une fille garçonne. Sur ce socle d'identification, on peut interpréter le parcours de l'enfant, mais parfois on ne trouve aucun élément sur lequel appuyer une explication, même si l'on se doit de chercher.

Est-ce que comprendre l'origine protège des difficultés à venir ? On sait qu'un quart de ces enfants transgenres évoluent vers une transsexualité, avec l'appui de la chirurgie comme moyen de réparation de la nature. La stérilisation s'impose aux garçons, sauf si l'on a antérieurement conservé le sperme congelé, et la grossesse, qui reste possible chez les filles, est rendue malgré tout difficile par la transformation physique. Dans ce domaine, d'importants progrès sociaux et médicaux ont été effectués et, dans certaines régions, il existe des centres spécialisés pour l'accompagnement des personnes transsexuelles.

Dans son évolution, Claude va me mettre au défi, afin de vérifier ma position et mon adhésion au choix de son sexe.

Les années ont passé et Claude devient une adolescente. Toutes les filles qui pratiquent la danse rêvent d'interpréter *Le Lac des cygnes* de Tchaïkovski. Petit rappel de l'histoire : Zeus, sous les traits d'un cygne, envoûte et séduit Léda, épouse du roi de Sparte. On voit déjà l'aspect androgyne de l'animal. Le livret nous apprend qu'un sorcier a transformé la princesse Odette en cygne noir, car il veut favoriser la carrière princière de sa propre fille, Odile. Transformations et changement de sexe sont au programme. D'ailleurs, dans l'histoire, les chorégraphes ne s'y sont pas trompés. Ainsi, Mats Ek met en scène des cygnes représentés par des danseurs et danseuses au crâne rasé. Matthew Bourne va plus loin dans la mise en scène avec un prince gay ! Rudolf Noureev – à mon sens le plus grand danseur de l'histoire – insiste sur le fait que le prince n'est pas seulement un « souleveur » de princesses.

Claude est choisi·e pour interpréter le cygne. Dans la loge du théâtre, se trouvent la grand-mère, qui lui a offert la tenue qu'elle avait portée pour la même représentation et au même âge (Claude dira « le plus beau cadeau de ma vie ») ; le grand-père et le père, en tenue militaire de légionnaire, avec les décorations qui scintillent sous les lampadaires de la salle ; la sœur, présente également, a insisté pour porter un nœud papillon et un gilet noir (elle aussi est le cygne !) ; la mère est vêtue d'un caraco très féminin en dentelle et d'un pantalon noir, montrant bien sa bisexualité. Une surprise : l'oncle homosexuel rejeté a été invité à l'occasion de cette soirée de *pax romana* et pour le succès définitif de Claude. Il est vêtu sobrement, ne dodeline pas trop en marchant, il est heureux, salue toute la famille et semble très ému. Un seul détail, il a trop forcé sur le Chanel n° 5. Je suis également présent. Transgressant l'habituelle neutralité bienveillante, une fois pour toutes, adoptant l'empathie sensible, j'adhère, par ma présence, au choix de Claude. Son interprétation sublime est acclamée sous les vivats et la grand-mère, un peu jalouse, dira de Claude : «Elle est aussi bonne que moi.»

Dans la loge, entre les bouquets et les embrassades, Claude s'approche de moi et me susurre : «Ne vous inquiétez pas, je ne me ferai pas opérer, je suis définitivement bisexuelle.»

Radicalisés

«J'aurais voulu que vous rencontriez mes deux fils, mais ils ne viendront pas.» Voilà le début de la consultation. Yasmina a deux fils, tous deux veulent aller combattre en Syrie. Depuis plus d'un an, leur comportement s'est modifié et leur père, malade, a refusé de les voir sur son lit de mort. Ce musulman pratiquant considérait l'attitude de ses fils comme une dérive de sa religion. Les deux garçons ont été blessés par ce refus, mais estiment que l'attitude de leur père aimé est une faute religieuse. La mère, d'une grande force, a dénoncé ses fils à la police pour leur interdire la sortie du territoire français. Elle déclare l'avoir fait pour ne pas les perdre. Malgré cette opposition, ils respectent leur mère comme d'ailleurs ils aimaient leur père décédé.

Mes rencontres avec cette femme sont passionnantes, elles me permettent de vivre, à travers son discours, ce que peu de témoins peuvent attester car, en l'absence de toute communication avec les jeunes radicalisés, on n'a jamais cette possibilité d'examen et d'évaluation. Selon elle, tout s'est joué par la domination totale d'un de ses fils sur l'autre, qui admire son frère au-delà de tout. Le paradoxe, c'est que, pour lui plaire, il a exagéré les positions de radicalisation de son frère admiré. Comme un enchaînement et une progression de leurs idées, les projets d'aller combattre dans le désert de Syrie s'affirment. Mais la mère veille au grain et signale aux services de police toute velléité de voyage. Ainsi, elle a stoppé à trois reprises leur départ vers la Turquie, en faisant annuler les billets réservés auprès d'agences de voyages de sa ville, et en menaçant ces dernières de procès. Elle vient me voir de façon très régulière, bien que domiciliée dans une ville assez éloignée du lieu de consultation, et non motorisée. Elle me dit que ces entretiens la soutiennent, alors que je ne prends jamais position (les psychiatres se taisent lorsqu'il s'agit de religion !), mais j'écoute ses peurs et ses craintes, pensant l'aider à se déculpabiliser de ses dénonciations. Dénoncer ses enfants est pour elle – comme pour tout parent – insupportable, mais elle me dit que c'est en mémoire de son mari, qui avait fait deux fois le voyage à La Mecque. En évoquant ce souvenir, elle rit et me raconte que, pour l'occasion, il avait acquis une vieille Peugeot blanche avec des fauteuils en cuir rouge, achetée à un ami juif séfarade pratiquant, un peu comme en Algérie où les diverses communautés se côtoyaient et célébraient les fêtes, l'Aïd el-Kébir, Noël, Pessah, dans une belle mutualité. La Peugeot avait réussi le premier voyage, mais rendu l'âme au retour. La discussion concernant le remboursement partiel du véhicule avait été vive entre le vendeur et l'acheteur.

Un peu d'espoir a été, un jour, permis grâce aux relations amoureuses qu'entretenaient les deux frères avec deux jeunes sœurs. Bien sûr, ils leur avaient imposé des règles, un mode d'habillement qu'elles avaient accepté par amour. Musulmanes elles aussi, elles respectaient leurs traditions. Deux enfants naquirent successivement. La nouvelle grand-mère était encore plus déterminée à sauver non seulement ses enfants, mais aussi son petit-fils et sa petite-fille, ainsi que ses belles-filles. Cependant, ses fils avaient toujours le projet d'aller combattre en Syrie. Elle a tenu bon et ses belles-filles ont été des alliées actives pour elle. Elle les considère d'ailleurs comme ses filles.

Les deux frères, acculés par leur passion funeste, tout en étant profondément amoureux de leur épouse, aimant leur enfant et respectueux de l'autorité maternelle, commencent peu à peu à se détacher de leur obsession. Les nouvelles de combattants djihadistes sont mauvaises et les images des enfants de combattants, qu'on voit abandonnés et placés dans des camps, résonnent de façon inquiétante dans leur esprit. L'un des frères, le leader initial, se propose malgré tout de continuer le combat : « Même pour perdre, mais pour Dieu », affirme-t-il à sa mère. Le cadet se dissocie de cette idée, ce qui est la première fracture fraternelle depuis leur naissance. Les deux belles-filles ne s'adressent plus la parole et s'interdisent tout contact. Là encore, la grand-mère tient bon et réunit régulièrement chez elle, un lieu neutre, le cousin et la cousine. Comme toujours, ses fils acceptent la puissance du discours maternel.

Je n'ai plus de nouvelles mais je garde une grande confiance en cette mère admirable, totalement respectueuse de la religion de son époux défunt, et de la sienne, ne voulant pas perdre ses fils, quelle que soit leur décision funeste. A-t-elle finalement réussi ? Je le pense et la respecte, car parler de ses enfants était difficile pour elle, comme une trahison, alors que je n'ai jamais pris position quant aux éventuelles décisions de ceux-ci. Le simple fait de me décrire ses dénonciations lui était pénible.

Une mère protectrice dont l'autorité a sans doute été salvatrice.

Grossesse à ventre vide

Cesária Evora chante merveilleusement « Sodade ». Transportée par la belle mélancolie du chant, Clémentine sourit. Soudain, elle sent un liquide chaud entre ses jambes : la poche des eaux s'est percée au sixième mois de sa grossesse. Elle se lève brusquement, enjambe la travée de sièges qui barre l'accès à la sortie. Son compagnon ne comprend pas ce qui se passe mais, d'un geste très significatif, elle lui intime de la suivre. À la porte du théâtre ils sautent dans un taxi qui les conduit aux urgences les plus proches. Elle perçoit, les mains posées sur son ventre, la bradycardie[1] de son enfant dont le cœur se ralentit de plus en plus.

À l'arrivée à l'hôpital, le liquide méconial[2] est teinté et une césarienne est rapidement décidée. La péridurale ne fonctionnant pas, on passe à une anesthésie générale. Clémentine se réveille, le « ventre vide », sans la présence de son petit garçon à ses côtés.

1. La bradycardie est une maladie qui se caractérise par un rythme cardiaque trop lent.

2. Le méconium est constitué de matières fécales épaisses et collantes, excrétées par le nouveau-né au tout début de sa vie. Ces premiers excréments sont composés de bile, de sécrétions digestives, de cellules intestinales desquamées.

Son compagnon la rassure immédiatement : « Il va bien, il est en couveuse car il pèse 900 grammes, il est minuscule mais très beau. » Elle répète : « Je veux le voir, je veux le voir. » Elle avait lu et relu des ouvrages sur l'intérêt des « unités kangourou » où l'enfant, en couveuse, est placé dans la même chambre que la mère. Elle avait suivi un reportage sur les unités d'enfants prématurés dans des pays où le service de santé est moins développé, mais où les mamans, toutes ensemble, s'occupaient des enfants prématurés dans un espace convivial. Ce n'est que le lendemain qu'elle peut voir Marius. Elle a un choc. Il est tout chétif, intubé, sous respirateur, nourri par sonde. Elle demande si elle peut le toucher, lui parler et la puéricultrice accepte, après un lavage des mains et à la condition qu'elle porte une tenue aseptique. Clémentine n'oubliera jamais la caresse de ses doigts sur les joues du bébé. Elle lui chantonne un air déjà entonné par la grand-mère. À ce moment, le petit enfant tourne son regard vers elle et ce premier contact visuel sera inscrit à jamais dans sa mémoire.

Marius reste trois mois en couveuse. Clémentine tire son lait, qui est transporté par le compagnon, messager du lait maternel, jusqu'au service où se trouve le nourrisson. Cette participation l'aide beaucoup, elle est persuadée que la survie de son bébé dépend de son lait. Elle continue à le caresser, à lui parler et les contacts visuels sont de plus en plus manifestes et repérables. Un sourire apparaît sur le visage du nouveau-né, qu'elle juge intentionnel à son égard. Peu importe que ce soit vrai ou non, c'est l'interprétation de la mère qui prime.

Après de multiples examens, on découvre une anomalie cardiaque – une coarctation aortique, c'est-à-dire un rétrécissement de l'aorte – et lors du fameux niveau de poids à 1,5 kilo, l'allaitement et la sortie de la couveuse sont programmés. La déglutition est acquise. La jeune mère lui donnera le premier sein dans le service de néonatologie, un moment inoubliable pour elle qui lui fera dire : « Si quelqu'un s'oppose encore à l'allaitement maternel, je le traîne devant les tribunaux. » Sa meilleure amie, qui n'a pas allaité son enfant né à terme, ne se risque jamais à discuter de ce sujet avec elle.

Le couple considère que Marius est né à la sortie du service de réanimation. Clémentine a demandé que la photo de son fils, affichée sur un panneau de la nurserie avec celles des autres bébés, soit décrochée, dans un sentiment de « maternalité » et de rivalité à l'égard des soignantes qui ont passé trois mois avec son fils, plus de temps qu'elle-même n'en a passé avec lui. Le rétrécissement congénital de l'aorte nécessite une intervention chirurgicale, le poids convenable de l'enfant permettant désormais de limiter le risque opératoire. Paradoxalement, elle est plutôt rassurée par ce geste chirurgical, comme si on lui enlevait définitivement cette période de « grossesse à ventre vide ». Elle parle doucement à Marius avant l'anesthésie et tout se déroule sans problème.

Je la rencontre à l'entrée de Marius en CP. Il a un bon développement psychomoteur, est un peu résistant à la frustration, il sait qu'il est un enfant précieux pour ses parents. Sa maman le rassure beaucoup. Il reste fixé sur les seins de celle-ci, avec lesquels il joue comme avec des objets transitionnels. Le couple n'a pas eu d'autre enfant, et la mère ne peut plus écouter Cesária Evora.

Bienvenue

Penchée sur le garde-corps du balcon, cette jeune fille hésite. Cinq étages plus bas, dans la rue, les gens vont et viennent, inconscients du drame qui couve. Elle est prête, ses larmes s'arrêtent de couler, la haine de soi et le dégoût de sa personne occupent toutes ses pensées. Elle va sauter. Son téléphone portable vibre. Un dernier coup d'œil. C'est un appel de son grand-père, hospitalisé en cancérologie pour une tumeur maligne du pancréas à un stade avancé. Elle doit lui répondre et décroche. Il s'excuse de la déranger ! Si seulement il savait. Il lui confie son désarroi, tout en étant gêné de le faire. Il lui parle du printemps, qu'il ne verra sans doute pas. Son ton change et, avec une grande émotion, il se met à pleurer. Il évoque alors son frère cadet, disparu dans l'enfance, victime d'une leucémie, une maladie le plus souvent mortelle à cette époque. Ce dernier avait demandé à son grand frère, qu'il admirait beaucoup, de vivre pour lui tous les printemps qu'il ne verrait plus. Le vieil homme confie alors à sa petite-fille : « C'est ton tour, maintenant, je ne peux pas assumer cette promesse, et c'est à toi que je le demande. Vis les printemps pour mon frère, et à l'occasion pour moi aussi, si tu l'acceptes. » Les sanglots de la jeune fille gênent le grand-père, qui pense l'avoir traumatisée alors qu'il vient de lui sauver la vie. Pourquoi était-elle au bord de la défenestration ?

Depuis quelques mois, cette excellente élève souffre de douleurs abdominales cycliques. Âgée de 16 ans, elle n'est pas encore réglée mais ne s'en inquiète pas, car sa grand-mère maternelle et sa mère l'ont été tardivement. Un bilan est pratiqué. Le résultat, terrifiant, révèle un syndrome de Rokitansky. Cela signifie qu'elle n'a pas d'utérus et ne pourra pas porter d'enfant. Elle confie son secret à celle qu'elle croyait être sa meilleure amie, mais celle-ci diffuse l'information à tout le lycée. La jeune fille était amoureuse, en secret, d'un garçon de son établissement scolaire dont toutes les élèves étaient éprises. Mais ce dernier ne trouve rien de mieux que de se moquer d'elle, lors des déjeuners au réfectoire, en clamant qu'« elle n'est pas complète du dedans ». Il se venge ainsi du talent et du brio de cette jeune fille, alors que lui-même est en échec scolaire. Le beau garçon est un « couillon », limité au niveau cognitif et dans ses capacités de raisonnement. Elle refuse alors de retourner au lycée. Le préfet des études ne comprend rien, ne fait pas le lien entre le refus scolaire anxieux et le traumatisme subi, et n'interroge pas l'entourage. Il va même jusqu'à envisager des sanctions pour les absences répétées de l'élève.

Elle s'enfonce alors dans une dépression car, en dehors de sa pathologie organique, son échec scolaire est programmé par l'intolérance de l'établissement. Il lui est impossible de retourner en classe et elle ne peut exercer ses multiples talents. Elle est pourtant *mens sana in corpore sano* (un esprit sain dans un corps sain) : outre ses grandes capacités scolaires, elle est classée en tennis et a participé à plusieurs marathons. La situation est inquiétante et une aide psychologique spécialisée va lui être apportée.

Je cautionne son non-retour dans cet établissement et elle suit un enseignement à distance. Par la suite, elle intègre une grande école et, après l'obtention d'une bourse, est acceptée dans une prestigieuse université américaine. Entre-temps, elle a commencé une rééducation contraignante pour se fabriquer un néovagin, le sien étant réduit et symphysé[1]. Les douleurs intenses qu'elle éprouve sont épuisantes, mais elle trouve un véritable accompagnement grâce à une soignante qui connaît bien ce type de rééducation, et avec laquelle elle a noué un lien de confiance très fort. Aux États-Unis, elle rencontre un jeune Afro-Américain qui lui fait la cour, grand joueur de tennis comme elle. Ils s'entraînent ensemble tous les soirs, au milieu des gratte-ciel. Il lui déclare son amour et elle s'enfuit dans les rues de la ville, incapable de lui avouer qu'elle est porteuse de ce syndrome. Mais, comme elle est amoureuse de ce garçon, elle lui écrit et lui fait part de cette malformation. La réponse du jeune homme est magnifique : «Je t'aime stérile, puisque c'est TOI que j'aime.»

1. La symphyse pubienne est l'articulation qui unit les deux os du pubis en situation médiane. C'est l'articulation antérieure de la ceinture pelvienne. Là, l'articulation est peu mobile.

Heureusement, car le septième étage de son studio à Manhattan aurait pu lui permettre un passage à l'acte définitif.

Plus tard, ils ont trouvé une donneuse pour l'ovocyte qui sera fécondé avec le sperme du compagnon amoureux, et une mère d'accueil pour la grossesse. Un petit garçon est né pour le plus grand bonheur du couple, qui l'a prénommé Bienvenu. J'ai eu le privilège et la joie de le voir, il a 4 ans, est parfaitement bilingue. Resté seul avec moi, il m'a parlé d'emblée de ses mamans : « J'en ai trois, dit-il, mais je préfère la vraie, celle qui m'aime. »

Bienvenue au monde, cher Bienvenu, tu es sympathique et compétent, comme tes parents.

Je n'y arrive pas

Gérard a 15 ans. Il a redoublé le CP et la cinquième, classe où il se trouve quand je le rencontre. Il a donc perdu le bénéfice de son entrée précoce à l'école car, né fin décembre, il était entré en CP alors qu'il n'avait pas encore 6 ans. C'est un adolescent très gentil – « brave » en marseillais, ce qui a pour corollaire « couillon ». Il a une sœur plus jeune que lui, tout à fait à l'aise dans sa scolarité, qui gère seule ses devoirs et ses leçons. Lui a besoin de l'aide constante de sa mère, qui le fait travailler tous les jours, y compris pendant les vacances. Lors de ce premier entretien, elle me déclare : « Je refais ma cinquième ! »

Durant toute la consultation, l'adolescent se montre dépendant de sa mère, n'osant pas prendre la parole ni confirmer les propos de celle-ci. L'acharnement maternel le protège indiscutablement d'un effondrement de ses apprentissages ainsi que d'une orientation. Elle redoute qu'il soit dirigé vers une classe à petit effectif, hétérogène, avec des élèves ayant d'autres difficultés et parfois des retards d'apprentissage importants. Elle exprime d'ailleurs clairement son opposition car, dit-elle, « je ne veux pas qu'il soit tiré vers le bas, mais vers le haut». Cette position, que je ne relève pas, est commune à tous les parents ayant des enfants en difficulté ou en échec scolaire. Pourtant, je constaterai plus tard que sa réflexion est capitale pour expliquer et comprendre la situation mère-fils. Le père, non présent à la rencontre, est décrit comme un manuel, qui sait tout faire, habile et doué dans tous les corps de métier, ce qui lui a permis de magnifiquement restaurer leur maison, entièrement seul. Terrassier de formation, il est actuellement en train de travailler sur le chantier d'une piscine. Ces petits boulots lui apportent des revenus confortables. La mère est aide-comptable – une profession très souvent représentée dans nos consultations – et rêve toujours de l'école de commerce où elle aurait voulu s'inscrire. Ses parents, d'origine sénégalaise, ont refusé qu'elle s'engage dans de longues études. Ils ont décidé de son passage en section professionnelle alors que, bonne élève, elle aurait pu accéder à une classe de seconde générale. Mais la toute-puissance paternelle et l'adhésion maternelle ne lui ont autorisé aucune transgression. Refaire des études aurait été pour elle un moyen de venger sa non-scolarité. Alors que sa fille lui offre toutes les espérances sur ce plan, l'échec de son fils lui paraît injuste. Elle veut qu'il réussisse et poursuive ses études, puisqu'elle souffre encore d'avoir dû interrompre les siennes.

En présence de sa mère, le comportement de Gérard semble normal, bien qu'un peu en retrait, mais une fois seul avec lui, je le trouve perclus d'anxiété. Comme à mon habitude, je lui demande les matières où il réussit le mieux, où il est performant.

Commencer par les échecs scolaires n'aide pas à communiquer avec ces enfants. Il me répond : « En éducation physique, un peu en technologie, comme mon père. » Je tiens ce fil d'Ariane et lui demande ce qu'il aimerait exercer plus tard comme métier, et pourquoi il ne travaillerait pas avec son père sur les chantiers. Il éclate en sanglots et me dit : « Je n'y arrive pas. » Le désarroi est tel que je demande à la mère de nous rejoindre. Elle le prend gentiment dans ses bras, en lui disant : « Tu verras, *nous* y arriverons », sans être au courant de notre échange en tête à tête.

Il importe de diminuer progressivement cette fusion mère-fils, mais je ne trouve pas d'appui supplétif, tant du côté des grands-parents, cultivateurs restés au Sénégal, que du père, qui a arrêté sa scolarité en cinquième. De manière touchante, Gérard me dit : « Ma jeune sœur m'aide parfois, elle comprend les énoncés et va plus vite que moi dans les réponses. » Cette affirmation me semble aggraver encore le trouble de la confiance en soi. Il faut trouver un(e) enseignant(e) à la retraite ou avoir recours à un étudiant pour revoir avec lui les fondamentaux. La fédération des Étudiants volontaires[1], remarquable association, va l'aider en envoyant à domicile un de ses membres. Tout le monde est satisfait de cette solution.

Cependant, les résultats scolaires ne s'améliorent pas et, lors d'une commission éducative, les enseignants

1. L'Afev est un réseau d'étudiants solidaires intervenant pour accompagner des jeunes en difficulté scolaire et créer du lien dans les quartiers populaires.

proposent l'orientation de Gérard, soit vers une ULIS (classe à petit effectif) refusée d'emblée par la mère, soit en section pro. La mère s'effondre et éclate en sanglots lors de cette réunion. Ses craintes antérieures se confirment et il faut la rassurer. L'étudiant de l'Afev, qui partage l'avis de l'équipe pédagogique, est alors critiqué, mais il refuse, à juste titre, de changer d'opinion et le contact est rompu. Je me trouve en présence du duo mère-fils, dans un climat hostile où je me sens *persona non grata*. Ultime bouée de sauvetage, je demande à Gérard que son père l'accompagne lors de sa prochaine séance. Celui-ci me fait part de ses difficultés à instaurer un contact avec son fils. Plusieurs fois, il l'a sollicité pour bricoler ensemble, dans son atelier, notamment sur son vélomoteur. Son épouse était intervenue en disant que Gérard n'avait pas besoin de devenir un manuel. Par la suite, je décide de recevoir la mère seule afin de lui faire comprendre que cette fusion gêne la progression de son fils et de la préparer à un travail psychothérapique. Elle accepte mais ne poursuit pas cette réflexion au-delà de quatre rencontres. Elle annule un rendez-vous où elle devait venir avec Gérard, en m'envoyant un texto : « Nous n'y arriverons pas », nous inscrivant dans leur échec, et me signifiant le mien.

Yasmina, la fille du soleil

La patrouille de la gare Saint-Charles la remarque et s'approche d'elle pour lui demander ses papiers d'identité. Elle saute alors sur la voie et court en direction du TGV qui entre en gare. Déséquilibrée dans sa fuite, elle se rétablit sur le quai puis, masquée, s'échappe et évite le contrôle. À l'extérieur, elle court le long du boulevard d'Athènes, traverse la Canebière et le cours Lieutaud, arrive enfin place Castellane, épuisée mais libre. Installée à la terrasse d'un bar, elle commande un Perrier citron. Elle s'est placée à une table en coin de rue pour pouvoir partir sans payer, comme elle a l'habitude de le faire. Cette fois, elle va tomber sur un garçon de café, joggeur endurant et entraîné. Addict de ce sport, il fait ses déplacements à pied de son domicile, situé à l'Estaque, jusqu'à son lieu de travail, distant de treize kilomètres, et pareil pour le retour. Il est aguerri. Elle prend son sac à dos et détale. Mais le serveur, qui avait observé son manège, est déjà sur ses talons. Rattrapée, elle le menace avec un cutter, lorsque deux policiers motards interviennent. Elle blesse un des policiers à l'avant-bras, et la voilà maîtrisée et menottée. Elle est conduite à l'hôpital en raison d'une entorse au genou survenue lors de sa chute.

Au contrôle d'identité, et sur le fichier des personnes disparues, son nom ressort. Ses parents ont fait un signalement de disparition du domicile depuis sept mois, leur fille a alors 13 ans. Elle habite à Sarcelles où, depuis sa petite enfance, elle est suivie au CMP de sa ville. Pourquoi ? C'est la dernière enfant d'un couple d'origine algérienne, et d'une fratrie de cinq. Le père, manœuvre dans le bâtiment, a bénéficié d'un regroupement familial. Tous les enfants sont nés à Sarcelles. Karim, l'aîné, a fait un très beau parcours et a pu entrer à Sciences Po. Les parents ont toujours sacralisé l'école et la scolarité de leurs enfants, puisque eux-mêmes n'avaient pas eu cette chance. Très tôt, dès la petite section de maternelle, ils ont sollicité de l'aide pour Yasmina, qui se montrait agressive et ne se pliait pas aux mesures simples de la vie en communauté, sans qu'aucune explication puisse justifier son comportement. Durant les vacances d'été, pendant lesquelles elle retournait avec sa famille à Sidi Bel Abbès, elle devenait beaucoup plus calme. Ses oncles et tantes pensaient que le climat de la France n'était pas adapté pour elle, car c'était une « fille du soleil ». Dès son plus jeune âge, la fillette adhère à cette remarque. Elle fait des dessins avec de très grands soleils qui envahissent la feuille. Elle tapisse les murs de sa chambre avec ses productions, pour, dit-elle, « battre l'hiver ». En fait, elle battait surtout les enfants de l'école.

Sa sœur aînée, qui s'est orientée vers des études d'infirmière, a essayé de relayer la mère mais c'est avec le troisième enfant, son frère Hocine, que les relations sont les plus mystérieuses. Sportif, brutal, il est celui qui parvient à maîtriser physiquement Yasmina lors de ses débordements. Cette emprise physique est admise par tous les membres de la famille, sauf par Karim, qui proteste, préférant réunir les protagonistes pour discuter. Des marques sur les bras de la jeune fille ont entraîné un signalement par l'école. Yasmina, âgée de 7 ans, est alors au CP et présente des difficultés importantes, tant sur le plan comportemental que sur celui des acquisitions scolaires.

Cette situation dévaste la famille, comme si l'échec de leur fille les renvoyait aux difficultés socio-économiques et que l'assimilation par l'école était battue en brèche. Le père ne supporte pas que l'on puisse mettre en cause son autorité et la mère est doublement blessée, en tant que mère et épouse. C'est à cette période que débute la prise en charge au CMP, où la petite fille est suivie par une psychiatre qui reçoit également la famille et la fratrie. À plusieurs reprises, Hocine refuse de la rencontrer, mais sur l'insistance de cette professionnelle, il finit par céder. Elle se rend compte d'une emprise pathologique de ce frère sur sa jeune sœur dont il voulait « qu'elle soit son esclave ». Comment séparer le frère et la sœur ? Âgé de 13 ans à l'époque, il est trop jeune pour être inscrit en section sport-études et son niveau scolaire, très moyen, ne le met pas en tête de liste. En revanche, il est performant pour les activités sportives, notamment la course et le sprint.

Les parents se posent la question de confier Yasmina à la famille en Algérie, puisqu'on la considère là-bas comme une « fille du soleil ». Pourquoi pas ? Les contacts pris par la pédopsychiatre sont rassurants sur l'accueil possible outre-Méditerranée. La responsabilité va se porter sur la tante maternelle, mère de cinq enfants également. Elle est enseignante en primaire. Le problème de la langue est résolu car Yasmina a toujours tenu à s'exprimer dans la langue d'origine de ses parents lors de ses séjours estivaux. Étonnamment, Hocine se porte candidat au départ avec sa sœur, ce qui est bien évidemment refusé. Elle fait sa rentrée de septembre à Sidi Bel Abbès mais, dès le début, la situation se dégrade. Un de ses cousins, du même âge qu'Hocine, la persécute, jaloux de l'affection et de l'attention que sa mère porte à la fillette. À la fin de l'année scolaire, Yasmina revient chez ses parents à Sarcelles. Son frère lui fait payer cher son séjour au soleil. Aux coups physiques qu'il continue de lui assener il associe des insultes à son encontre, et ce comportement le conduit à un placement, avec sorties dans sa famille un week-end sur deux. Ses retours sont difficiles pour les parents et Yasmina. À l'âge de 9 ans, la fillette commence à faire des micro-fugues le week-end pour échapper à l'agressivité d'Hocine, qu'elle ne supporte plus. Des rencontres individualisées avec le frère et la sœur sont proposées, le père restant avec son fils et Yasmina avec sa mère. Mais le bref moment de rencontre est toujours l'occasion d'une agression.

À l'adolescence, Yasmina confirmera son désir de fugue et de retour à Sidi Bel Abbès. À 11 ans, elle se réfugie tout un week-end chez une amie voisine, mais les parents de celle-ci en informent sa famille. Elle déclare à la psychiatre, toujours à l'écoute de la famille et qui tient bon, qu'elle a envie de revoir sa tante et que c'était plus facile pour elle de « partir vers le soleil ». Yasmina finit par arriver à Marseille pour essayer d'embarquer vers l'Algérie. Cette fugue de plusieurs mois lui fera mener une vie dangereuse, avec des larcins et des vols, de multiples agressions au cutter qu'elle commet pour dérober l'argent de personnes âgées, lors de retraits d'espèces aux distributeurs bancaires. Elle commence toujours l'agression en entaillant le bras de ses victimes pour leur montrer sa détermination.

Le psychiatre de liaison de l'hôpital de la Timone me l'adresse à l'unité d'adolescents, pour un bilan d'évaluation. Les parents refusent de la recevoir, pour l'instant. Le contact de Yasmina avec la psychiatre référente confirme les difficultés et l'effondrement de cette jeune fille qui redoute le milieu familial. À noter qu'Hocine, exclu du foyer, est placé en unité spécialisée. Dans le service, elle est persécutée et instrumentalisée par un adolescent qui a perçu sa fragilité. La suspicion de sévices multiples se fait jour, Hocine l'ayant sans doute obligée à des gestes impudiques que nous n'arrivons pas à préciser. La famille d'Algérie n'est plus apte à la recevoir. Un placement en foyer est donc décidé, avec pour seul espoir de soutien psychologique la relation avec sa psychiatre de Sarcelles, avec laquelle elle a noué des liens de confiance. Nous n'avons pas pu réaliser ce projet, malgré toutes les démarches effectuées. Récemment, cette dernière nous a informés que nous risquions de voir Yasmina revenir à Marseille car elle s'est mal adaptée au foyer et a encore fugué.

À l'attention de sa psychiatre, elle a envoyé un SMS : « Cette fois, je ferai attention de ne pas avoir un joggeur comme garçon de café ! »

La fugue, comme moyen de lutter contre un échec. S'écarter de la famille dont le mandat intergénérationnel n'a pas été rempli.

Trop grosse

Beau bébé ! Odette est une petite fille pesant 4,7 kilos à la naissance. La mère est un peu inquiète, car elle lutte depuis toujours contre le surpoids et multiplie les régimes. Le père, qui aurait préféré un garçon, est un peu déçu. Fan de rugby, il réagit en se disant que sa fille fera un bon pilier droit.

Le développement de l'enfant est harmonieux. Mais Odette est très gourmande et n'absorbe que des biberons chocolatés, matin et soir, jusqu'au CP. Le pédiatre avertit les parents du risque de surpoids, ce qui préoccupe beaucoup la mère. Difficile de suivre un régime dans cette famille qui adore cuisiner et manger gras.

Inscrite au judo, l'enfant est redoutable au sol durant les combats. Sur le mur de sa chambre est affichée la photo de Teddy Riner. « Lui aussi est gros, il doit bien manger », dit Odette. Sa mère lui rétorque que, pendant la préparation des olympiades, il a dû maigrir, tout comme elle, car « sa réussite dépendait de son régime ». L'essai de la pratique du rugby, à l'âge de 9 ans, sur la proposition du père, n'est pas concluant. Odette est trop lente, sans doute en raison de l'obésité qui commence à s'installer. C'est à l'entrée au collège que les choses se compliquent. En effet, les adolescentes d'aujourd'hui rêvent de minceur et Odette ne rentre pas dans le cadre de ses pairs. Rapidement, elle est remarquée pour sa corpulence. On sait que le surpoids est la cause principale du harcèlement, auquel vient s'ajouter de nos jours, trois fois sur dix, le cyberharcèlement, et ce chiffre tend à augmenter. Au début, Odette résiste mais finit par passer à l'acte à l'encontre d'une adolescente de sa classe, chef de bande, qu'elle coince contre un mur, hors de la vue des adultes, durant une récréation. Elle l'avertit : « Je te massacre si tu continues, compris ? » et, joignant le geste à la parole, elle la plie en deux d'un coup de poing à l'abdomen. La « mariole » atterrit à l'infirmerie et ses parents vont se plaindre à la principale. C'est une élève connue pour ses moqueries et ses mots d'esprit suspects. Elle a déjà harcelé un adolescent en situation de handicap (porteur d'une anomalie chromosomique) qu'elle avait surnommé le « mongole ». La principale, femme énergique, a dit aux parents qu'elle regrettait l'incident mais comprenait la violence d'Odette. Avec beaucoup de courage, elle a réitéré ses propos et les a prévenus qu'elle exclurait la moqueuse si des faits similaires se reproduisaient. Les parents ont fait un recours auprès du recteur d'académie et inscrit leur fille dans un établissement privé.

La famille d'Odette était fière qu'elle ne se soit pas laissé insulter. Son père a profité de cette occasion pour dire qu'elle aurait décidément été un pilier droit efficace. Avant la vidéo, les cartons jaunes, qu'on appelle les « poires », résolvaient fréquemment les conflits. Il regrettait ce rugby à l'ancienne. La mère lui a parlé à nouveau de faire un régime. Odette a perdu deux à trois kilos, mais en a repris aussitôt quatre. Ce yoyo était dévastateur pour son moral et celui de sa mère.

Les lâches utilisateurs de réseaux sociaux vont fournir une revanche à l'exclue qui l'avait agressée. Après sa rentrée en classe de cinquième, des photos d'Odette sont diffusées sur la Toile dont une, particulièrement redoutable, où elle apparaît avec une masse de chair débordant de son jogging au niveau de la taille. La légende de ces agresseurs est : « Comme j'aime… les grosses », se moquant aussi du régime prôné par cette marque dans ses publicités télévisées. Cela fait fureur, non seulement au sein du collège, mais également à l'extérieur en raison de la mondialisation du cyberharcèlement, sans limitation. Les utilisateurs acclamaient cette vidéo : « Encore… » Chaque semaine étaient postées des photos d'Odette, anciennes ou récentes, avec sa courbe de poids, réelle ou fausse, toujours en augmentation. La jeune fille s'est effondrée et une démarche a été effectuée auprès de la principale qui l'avait défendue. Aucune intervention n'a pu arrêter la diffusion de ces images offensantes. La plainte des parents a permis de repérer une amie de l'adolescente qui avait antérieurement agressé verbalement Odette. Les commentaires ont filé bon train devant le succès de ces images sur les réseaux sociaux. Odette a attaqué physiquement son agresseuse virtuelle. Au motif de la récidive, la principale a décidé son exclusion de l'établissement pendant trois jours. En rentrant à leur domicile, les parents n'y ont pas trouvé leur fille. Une alerte a été déclenchée et, très rapidement, elle a été repérée dans l'atelier de bricolage, au fond du jardin. Elle avait avalé divers médicaments de la pharmacie familiale, notamment du Doliprane, on en a retrouvé une boîte vide près d'elle. Ce médicament est dangereux, car il peut entraîner une lésion du foie.

Je rencontre Odette à la suite de sa tentative de suicide. Il faut décider de sa réhospitalisation en unité d'adolescents en raison des idées noires qui lui trottent toujours dans la tête. Elle a, sans doute à tort, perdu confiance dans la principale de son collège. Lors de son admission, deux jeunes filles anorexiques étaient également présentes dans l'unité. Paradoxalement, une relation amicale s'est nouée avec l'une d'entre elles. Pendant un groupe de parole, elles ont eu cette magnifique conclusion sur leur pathologie : « C'est un trouble de l'image de soi. » Les autres adolescents présents les ont applaudies, ainsi que la psychologue animatrice.

La prise en charge des adolescents obèses est plus difficile que celle, pourtant complexe, des anorexiques. Ces derniers engagent un combat dans lequel on doit attaquer la maladie, et non pas la personne. Quant aux personnes obèses, le sentiment de honte domine chez elles. Elles se sentent responsables de leur prise de poids alors que les anorexiques vivent, à tort, un moment de supériorité et d'hypermaîtrise. Les personnes obèses craquent surtout devant le chocolat, les anorexiques sont souvent d'excellentes cuisinières alors que les boulimiques ingurgitent n'importe quel aliment, dans le désordre des goûts et des saveurs, l'important pour elles étant de se remplir. Les obèses ne vomissent pas. Les entretiens avec Odette sont toujours infiltrés d'une crainte de décevoir. Après plusieurs rendez-vous manqués, je lui propose un long séjour, de plusieurs mois, au sein d'une structure spécialisée dans la prise en charge de personnes obèses. Elle ne s'y adaptera pas et agressera une autre adolescente, un mois après son entrée. Elle fuguera de l'institution mais, heureusement, en avertira ses parents. Sa déscolarisation avait permis de faire cesser, pour un temps, le cyberharcèlement.

J'ai échoué dans mon travail qui consiste, le plus souvent, à faire admettre au sujet son poids réel et non son poids rêvé.

Une soirée avec Francesca Serra

Enchaînons sur une autre histoire clinique, un autre harcèlement qui est au cœur de l'ouvrage que son auteure est venue présenter à des élèves de collège. Vous verrez pourquoi ces deux histoires peuvent se métisser.

Tout d'abord, Francesca, je vais vous faire une confidence, et à vous qui lisez ce livre aussi : j'adore l'oral, le débat, les discussions avec la salle, les explications fournies, les défis et les contradictions. Dans les exposés, je parle de la clinique. Vous verrez à quel point cette démarche passionnante est éclairante si vous m'accompagnez à cette conférence, effectuée le 15 janvier 2021 (c'est ma dernière intervention à ce jour), avec Francesca Serra. Donc allons-y !

Nous sommes à Bastia à l'invitation de mon amie Cathy Rossi et de ses collègues documentalistes qui m'avaient sollicité avec Francesca Serra pour intervenir auprès des élèves du lycée de Montesoro. En raison de la pandémie de Covid-19, seuls cinquante d'entre eux ont pu participer à cette manifestation, alors que chaque année elle est ouverte à tous les élèves, aux enseignants et aux parents. Je m'y rends d'autant plus volontiers que Francesca Serra vient d'écrire un magnifique livre, *Elle a menti pour les ailes*, honoré par le prix littéraire du *Monde* 2020. C'est la première fois que cette distinction est attribuée à un premier roman. Lisez cet ouvrage, il vous plongera dans le monde des adolescents d'aujourd'hui, avec l'importance des réseaux sociaux, leurs passions amicales et amoureuses qui, certes, ressemblent aux nôtres mais s'expriment sur la Toile, dans une communauté élargie, médiatisée, mondialisée. Un cyberharcèlement va toucher Garance, l'héroïne du livre. Elle a « posté » une vidéo destinée à son amoureux et à une amie, la montrant dans une position érotique. Quelqu'un la diffusera sur Internet ; les insultes et les agressions virtuelles vont l'accabler. Elle n'a d'autre ressource que de fuir, mais, chut ! je ne dévoilerai pas la suite.

Au cours de cet échange, de nombreuses questions fusent de la part des élèves de première, qui manifestent un grand intérêt pour ce thème en rapport avec leur vécu. Ils reçoivent des réponses explicites de Francesca. Arrive une question sur Clément, le compagnon de fugue de son héroïne. Comme je l'avais antérieurement signalé, dans une fugue, ce n'est pas le départ qui est difficile, mais le retour. Clément est décrit comme un attardé mental, placé dans un centre spécialisé où il ne s'est pas adapté. Je suis tenu d'effectuer une consultation virtuelle pour essayer de poser un diagnostic. Sur le plan littéraire, je pense qu'il exprime une poésie infantile : il enregistre les bruits de l'eau, des petites cascades de la rivière grâce à un magnétophone à pile, certes désuet, mais avec lequel il part à la découverte du monde, loin des portables utilisés par la plupart des adolescents d'aujourd'hui, et qui constituent leur seconde peau. Il est fixé à un stade archaïque par lequel nous sommes tous passés, mais que nous avons enfoui dans notre mémoire. Son contact est de type autistique, son langage est pauvre, ne répondant que deux fois par « oui » dans tout le récit. Ses yeux, peu expressifs, donneront l'impression à Garance qu'il ne la regarde pas. Il a accédé au langage mais ne l'utilise pas en tant que mode de communication. Nous sommes propulsés dans la première année de notre vie où nous communiquons avec notre corps plutôt qu'avec des mots. Clément conduit Garance dans une cabane où tous les enfants rêvent de se réfugier. Il peut paraître effrayant, il la suit puis la dépasse sans la voir. Il lui donne des bonbons Haribo, là encore nous revenons à notre enfance. (J'en profite pour remercier cette entreprise qui a longtemps fourni des friandises aux enfants hospitalisés à l'hôpital de la Timone, à Marseille, notamment les crocodiles verts que Clément et Garance vont d'ailleurs croquer à leur tour.) Il va la sortir de l'eau quand elle tombe dans la cascade et lui donner ses chaussures, sans réelle communication, ni préoccupation pour elle. La nuit, dans la cabane, il sera une personne rassurante pour Garance, un objet transitionnel. Rien de sexuel entre eux, car il est fixé au stade de la petite enfance, il n'a pas accédé à l'adolescence. Comme dans l'allaitement, elle lui donne à boire du liquide, pas d'aliments solides, puis Clément disparaît. Elle rêve de lui et l'appelle « Clément ! Clément ! », comme un appel lancé à sa propre enfance. Cette relation, si difficile en apparence, est en fait plus réussie qu'on ne le pense. Garance retrouve chez Clément des pistes de sa propre évolution, elle est Clément tout en étant Garance. La mise en scène de ce duo peut servir de modèle à la prise en charge des enfants autistes. Il ne faut pas leur demander de communiquer, il faut observer leur défense poétique et leur comportement de repli. Ici, on enregistre des bruits d'eau au lieu de parler. Leur sensibilité est extrême. En tombant, Garance s'est blessée et a pu bénéficier des baskets de Clément, une parabole inversée du Christ lavant les pieds des pauvres. Victoire ! Ils répondent parfois. Le regard les gêne, ils ont des lunettes psychiques de protection contre le soleil qui brûle les yeux, ils courent un risque à trop croiser les regards. Francesca fait une confidence sur le titre de son livre, qui lui est apparu lors d'une nuit de recherche et de réflexion. Vous lirez pourquoi « elle a menti pour les ailes ». Je ne vous le dirai pas maintenant. Elle voulait intituler son ouvrage : « La louve oméga », en écho aux connaissances éthologiques sur les loups. Le loup *alpha* avec sa compagne, puis le loup *bêta*, et surtout la louve *oméga* qui a le rôle de bouc émissaire, harcelée par la meute, nécessaire à l'évacuation des tensions et toujours persécutée. Ce loup, devenu une louve, n'a de ressource que dans la fugue et dans sa résurrection ailleurs. C'est l'histoire du livre. La métaphore du vol, comme l'a expliqué Francesca, nous rapproche d'Icare, avec ses ailes en cire pour s'enfuir du labyrinthe bâti par Dédale où le Minotaure dévore les sept adolescents et sept adolescentes qui lui sont confiés tous les neuf ans. Avec son père, Icare fabrique des ailes de cire et il est fier de voler (similitude avec Garance, si aérienne dans sa démarche et si légère quand elle danse). Il s'approche trop du soleil. Garance a été lauréate d'un concours d'élégance local et doit participer à un concours national. Sans doute atteinte de mégalomanie, elle s'approche, elle aussi, trop du soleil. La diffusion de sa vidéo, jugée trop intime, a entraîné un déferlement de réactions de jalousie sur la Toile. La roche tarpéienne étant proche du Capitole, Icare tombe à la mer. Francesca a eu la grande finesse de demander aux élèves présents de chercher sur leur portable (nous sommes dans des interactions institutionnelles digressives et audacieuses) le tableau de Brueghel l'Ancien mettant en scène la chute d'Icare. Dès la première intervention, un élève a repéré les ailes dans l'eau, alors que le peintre avait mis en avant le travail et le labeur dans la vie quotidienne, supérieurs à l'exceptionnel et à la mégalomanie, plutôt que le sentiment de toute-puissance d'Icare.

D'autres questions ont été posées : « C'est vous, Garance ? — Non, a-t-elle répondu, c'est littéraire. » Alors que j'observais Francesca Serra, je trouvais que son visage, notamment le menton, ressemblait à la description de Garance, l'héroïne de son roman. De même, son port et sa démarche étaient ceux d'une danseuse. Autre question d'un élève : « Qu'est-ce qu'un roman ? Quelle est son utilité ? » Réponse de l'auteure : « Et si nos vies n'étaient que des romans et que sur la Toile et les réseaux sociaux, nous écrivions le quotidien de nos vies comme les personnages peints par Brueghel ? »

Merci beaucoup, Francesca Serra, pour cette superbe soirée et pour ce très beau livre. À la dernière question d'une adolescente vous demandant si vous envisagiez d'écrire une suite à ce roman, vous avez répondu par la négative tout en ajoutant que le prochain ouvrage pourrait être de science-fiction. Là, c'est moi qui ai reçu un choc parce que cette thématique était extrêmement présente dans mon adolescence, sans doute par crainte de la finitude.

Je fais donc partie maintenant, chère Francesca, de la cohorte de vos lecteurs captifs. J'espère que la découverte de votre livre et du mien apportera de quoi métisser vos propres histoires avec celles que je vous ai racontées. Bonne soirée !

Contes et histoires cliniques

«In due» 15
L'Alcazar 19
«Chez Elle» 24
Cicatrices psychologiques 29
Il n'y a pas de vie minuscule 34
Électrochoc 41
Paralysés 44
C'est dangereux pour la tienne 50
À votre bon cœur, messieurs-dames ! 55
Boutons de manchettes en or 60
«Cevapcici» 67
Trente fois par jour 73
La cordelette d'amour 79
Chauve comme lui 84
Le parfum entêtant des asphodèles 89
Tu restes mon ami 95
Corps agressé, corps nié et corps retrouvé 101
Ninna nanna 106
Vendetta et virtuel 110
Les frères congelés 115
Mon père, c'est toi 120
«Le Lac des cygnes» 125

Radicalisés 132
Grossesse à ventre vide 136
Bienvenue 139
Je n'y arrive pas 143
Yasmina, la fille du soleil 147
Trop grosse 152
Une soirée avec Francesca Serra 157

Du même auteur :

Qui commande ici? Conseils aux parents d'enfants tyrans, en collaboration avec le Pr Philippe Duverger, éditions Anne Carrière, 2018

Tu réussiras mieux que moi, éditions Anne Carrière, 2013 ; Le Livre de Poche, 2015

Grands-parents, à vous de jouer, éditions Anne Carrière, 2012 ; Le Livre de Poche, 2014

Tiens bon !, éditions Anne Carrière, 2011 ; Le Livre de Poche, 2012

L'Abécédaire. Comprendre pour éduquer, éditions Anne Carrière, 2010 ; Marabout, 2012

Chacun cherche un père, éditions Anne Carrière, 2009 ; Le Livre de Poche, 2011

Regards croisés sur le handicap, en collaboration avec Luc Leprêtre, éditions Anne Carrière, 2008

La Vie en désordre, éditions Anne Carrière, 2007 ; Le Livre de Poche, 2009

Regards croisés sur l'adolescence, en collaboration avec Marie Choquet, éditions Anne Carrière, 2007 ; Le Livre de Poche, 2008

Détache-moi ! Se séparer pour grandir, éditions Anne Carrière, 2005 ; Le Livre de Poche, 2007

Tout ce que vous ne devriez jamais savoir sur la sexualité de vos enfants, éditions Anne Carrière, 2003 ; Le Livre de Poche, 2005

Frères et sœurs, une maladie d'amour, en collaboration avec Christine Schilte, Fayard, 2002 ; Le Livre de Poche, 2003

Vouloir un enfant, en collaboration avec René Frydman et Christine Schilte, Hachette Pratique, 2001

Œdipe toi-même ! Consultations d'un pédopsychiatre, éditions Anne Carrière, 2000 ; Le Livre de Poche, 2002

PAPIER À BASE DE FIBRES CERTIFIÉES

Le Livre de Poche s'engage pour l'environnement en réduisant l'empreinte carbone de ses livres. Celle de cet exemplaire est de :
150 g éq. CO_2
Rendez-vous sur www.livredepoche-durable.fr

Composition réalisée par Lumina Datamatics, Inc.

Achevé d'imprimer en France par
CPI BRODARD & TAUPIN (72200 La Flèche)
en avril 2023
N° d'impression : 3052457
Dépôt légal 1re publication : mai 2023
LIBRAIRIE GÉNÉRALE FRANÇAISE
21, rue du Montparnasse – 75298 Paris Cedex 06

29/5906/5